蔣經國大事日記

（1972）

Daily Records of Chiang Ching-kuo, 1972

民國日記 ｜ 總序

呂芳上
民國歷史文化學社社長

人是歷史的主體，人性是歷史的內涵。「人事有代謝，往來成古今」（孟浩然），瞭解活生生的「人」，才較能掌握歷史的真相；愈是貼近「人性」的思考，才愈能體會歷史的本質。近代歷史的特色之一是資料閎富而駁雜，由當事人主導、製作而形成的資料，以自傳、回憶錄、口述訪問、函札及日記最為重要，其中日記的完成最即時，描述較能顯現內在的幽微，最受史家重視。

日記本是個人記述每天所見聞、所感思、所作為有選擇的紀錄，雖不必能反映史事整體或各個部分的所有細節，但可以掌握史實發展的一定脈絡。尤其個人日記一方面透露個人單獨親歷之事，補足歷史原貌的闕漏；一方面個人隨時勢變化呈現出不同的心路歷程，對同一史事發為不同的看法和感受，往往會豐富了歷史內容。

中國從宋代以後，開始有更多的讀書人有寫日記的習慣，到近代更是蔚然成風，於是利用日記史料作歷

史研究成了近代史學的一大特色。本來不同的史料，各有不同的性質，日記記述形式不一，有的像流水帳，有的生動引人。日記的共同主要特質是自我（self）與私密（privacy），史家是史事的「局外人」，不只注意史實的追尋，更有興趣瞭解歷史如何被體驗和講述，這時對「局內人」所思、所行的掌握和體會，日記便成了十分關鍵的材料。傾聽歷史的聲音，重要的是能聽到「原音」，而非「變音」，日記應屬原音，故價值高。1970年代，在後現代理論影響下，檢驗史料的潛在偏見，成為時尚。論者以為即使親筆日記、函札，亦不必全屬真實。實者，日記記錄可能有偏差，一來自時代政治與社會的制約和氛圍，有清一代文網太密，使讀書人有口難言，或心中自我約束太過。顏李學派李塨死前日記每月後書寫「小心翼翼，俱以終始」八字，心所謂為危，這樣的日記記錄，難暢所欲言，可以想見。二來自人性的弱點，除了「記主」可能自我「美化拔高」之外，主觀、偏私、急功好利、現實等，有意無心的記述或失實、或迴避，例如「胡適日記」於關鍵時刻，不無避實就虛，語焉不詳之處；「閻錫山日記」滿口禮義道德，使用價值略幾近於零，難免令人失望。三來自旁人過度用心的整理、剪裁、甚至「消音」，如「陳誠日記」、「胡宗南日記」，均不免有斧鑿痕跡，不論立意多麼良善，都會是史學研究上難以彌補的損失。史料之於歷史研究，一如「盡信書不如無書」的話語，對證、勘比是個基本功。或謂使用材料多方查證，有如老吏斷獄、法官斷案，取證求其多，追根究柢求其細，庶幾還原

案貌，以證據下法理註腳，盡力讓歷史真相水落可石出。是故不同史料對同一史事，記述會有異同，同者互證，異者互勘，於是能逼近史實。而勘比、互證之中，以日記比證日記，或以他人日記，證人物所思所行，亦不失為一良法。

從日記的內容、特質看，研究日記的學者鄒振環，曾將日記概分為記事備忘、工作、學術考據、宗教人生、游歷探險、使行、志感抒情、文藝、戰難、科學、家庭婦女、學生、囚亡、外人在華日記等十四種。事實上，多半的日記是複合型的，柳貽徵說：「國史有日歷，私家有日記，一也。日歷詳一國之事，舉其大而略其細；日記則洪纖必包，無定格，而一身、一家、一地、一國之真史具焉，讀之視日歷有味，且有補於史學。」近代人物如胡適、吳宓、顧頡剛的大部頭日記，大約可被歸為「學人日記」，余英時翻讀《顧頡剛日記》後說，藉日記以窺測顧的內心世界，發現其事業心竟在求知慾上，1930 年代後，顧更接近的是流轉於學、政、商三界的「社會活動家」，在謹厚恂恂君子後邊，還擁有激盪以至浪漫的情感世界。於是活生生多面向的人，因此呈現出來，日記的作用可見。

晚清民國，相對於昔時，是日記留存、出版較多的時期，這可能與識字率提升、媒體、出版事業發達相關。過去日記的面世，撰著人多半是時代舞台上的要角，他們的言行、舉動，動見觀瞻，當然不容小覷。但，相對的芸芸眾生，識字或不識字的「小人物」們，在正史中往往是無名英雄，甚至於是「失蹤者」，他們

如何參與近代國家的構建，如何共同締造新社會，不應該被埋沒、被忽略。近代中國中西交會、內外戰事頻仍，傳統走向現代，社會矛盾叢生，如何豐富歷史內涵，需要傾聽社會各階層的「原聲」來補足，更寬闊的歷史視野，需要眾人的紀錄來拓展。開放檔案，公布公家、私人資料，這是近代史學界的迫切期待，也是「民國歷史文化學社」大力倡議出版日記叢書的緣由。

蔣經國大事日記　導言

呂芳上
民國歷史文化學社社長
中央研究院近代史研究所兼任研究員

一、

　　許多人多注意到年輕一代的新新人類，多半要掌握的是立即、當下，要捕捉的是能看得見、聽得到、抓得住的事事物物，視芸芸之人眾生平等，不把「大咖」人物看在眼裡，昨天的事早早忘卻，明天和過去的歷史，更屬虛無又飄渺。即使對一般人，說美國總統川普（Donald Trump），很多人或還記得，談歐巴馬（Barack Obama），即已印象模糊。老蔣、老毛何許人也？知其名未必悉其實，小蔣（經國）、老鄧（小平）印象就沒那麼深刻。在臺灣，坊間對蔣經國評價不一，民間有人把「蔣經國」以臺語諧音說成「酒精國」，雖屬戲謔之語，反見親切。這時代，有人這麼說：一轉身，光明黑暗都成故事；一回眸，歲月已成風景。不過，尋根是人類本性，我們走過「從前」，要說從歷史中尋求如何面對當今問題的智慧，可能太抽象，但問那個時代、那個人物，留下什麼樣足跡？有過何等影響？還是會引發人們找尋歷史源頭的興味的。

　　近代中國歷史堪稱曲折，世界走入中國，用的是兵艦、巨砲，中國走向世界，充滿詭譎與恫嚇。於是時代

的歷史靠著領導者帶著一群菁英，以無比信心、堅韌
生命力與靈妙的模仿力和創造力，共同形塑，造成了
「今日」。

　　在歷史往復徘徊中，往往出現能打開出路的引領
人。這些有頭、有臉的人物，他們數十年一夢的人生事
跡，對天地悠悠之久，雖也一幌即過，但確實活在歷
史。最怕的是當代、後世好事者，可能為這些人塗脂抹
粉、加料泡製、打磨夯實、描摹包裝、強力推銷，變成
「聖賢」或「惡魔」，弄得歷史人物不成「人」形。

　　生前飽受公議的政治人物，過世之後也得接受歷史
的公評，這是無庸置疑。但論孫文只說他為目的不擇手
段、評蔣介石說是獨裁無膽、硬把毛澤東功過三七開，
都犯了簡化歷史的毛病；論歷史的事情，既不是痛快
的一句話可以了結，月旦歷史人物，更不該盲目恭維或
肆意漫罵可以了事。歷史人物的品評，需要多樣資料佐
證，於是上窮碧落下黃泉所得的「東西」，不能不說當
下、即時的紀錄材料，最不能疏忽。這套《蔣經國大事
日記》，作為民國、臺灣歷史人物蔣經國及其時代研究
的基礎，當之無愧。

二、

　　蔣經國生於 1910 年，1988 年過世。美國史家史萊
辛格（Arthur Schlesinger Jr.）說，二十世紀是一個混亂
的世紀，充滿了憤怒、血腥、殘酷；也充滿了勇敢、希
望與夢想。蔣經國的一生起伏跌宕夾雜著這些特色。他
幼年讀書不算多，1925 年十六歲正當人格成型之際，

被送到冰天雪地的俄國。那段時間，正是史達林掌權清算鬥爭激烈時期，對他來說想必印象深刻，影響一生。西安事變後抗日開戰前（1937年3月），帶著俄國妻子返國，先在家鄉溪口讀書，其後在江西保安處、贛南專區當行政督察專員，過著中層公務員的生活，並依父命師從徐道鄰、汪日章等人，接受經典洗禮，對傳統文化進行「補課」，也零星通曉西方民主、法治觀念，思想因此有進境，難免蕪雜。抗戰時期往來大後方，除了在贛南有一批從龍之士外，在重慶擔任三青團幹校教育長，有了幹校人脈，加上後來在臺組建青年反共救國團，這幾批人無形中成了他後來的政治班底。

　　蔣經國真正的政治事業是1950年代在臺灣開始的，1950到1960年代蔣介石忙於黨的改造、政治革新，積極準備「反攻復國」，至於情治系統、國安、國軍政工事務多交經國負責，這一時期，國外媒體甚至形容他為「神秘人物」。到1970年代聯合國席位不保，中日、中美先後斷交，國家處境逆轉，大約此時統理國家的權力也集中到經國身上，威權政治開始有軟化跡象。不過直到1980年代中期之後，已深切感受時代在變，環境在變，潮流也不能不變。1986年9月，集大權於一身的經國總統容忍「民主進步黨」成立，等於開放黨禁；10月中旬決定「解嚴」，次年7月15日正式實施；接著解除報禁、開放港澳觀光，10月15日准許老兵返大陸探親，民主化邁步向前，對長期威權統治下的臺灣而言，不啻一場寧靜革命。當年擔任總統副手的李登輝，後來在《訪談錄》中，很平實的說了這麼一段

話：「大家講李登輝執政十二年民主改革等等，老實
講，如果這三年八個月中沒有他（蔣經國）在政策上的
變化，我後來的十二年是做不了什麼事的。」

　　同一時期，蔣經國大量起用臺灣省籍菁英，尤其
1972 年出任行政院長後，培養省籍人士不遺餘力，
1984 年在謝東閔副總統之後，提名年輕得多的李登輝
繼之，以當時蔣經國的身體條件和年齡，視為是接班人
選，十分明顯。在行政院長及總統任職期間，蔣經國不
斷走入民間、結交民間友人，1987 年又說出「我也是
臺灣人」的話語，姑不論是否為政治語言，政權本土化
的意味很濃，行動上則多少帶點「蘇俄經驗」味道。

　　1970 年代，國際逆流橫生之外，國內政治異議聲
浪頻起，反對勢力運動勃發，規模不斷擴大，手段益趨
激烈，當時臺灣幾乎有人心惶惶之感。這期間，1973
年及 1979 年碰到兩次石油危機、國際金融風暴。幸賴
十大建設、六年經建計畫等的財經擘劃，安然渡過危
局，「臺灣奇蹟」的締造，蔣經國與有功焉。長時間陪
侍兩蔣身邊的御醫熊丸說，小蔣極為儉樸，樂與民眾接
近，但城府深、表裡不一，恩威難測，並非好相處的朋
友；已過世、有點不合時宜，與經國交過手的財經專家
王作榮，佩服蔣與巨商大賈保持距離，但也直說，蔣經
國是俄國史達林文化與中國包青天文化的混合產物。顯
示這位國家領導人多面向的行事與風格，仍大可有進一
步研究的空間。

三、

　　1972 年 6 月，62 歲的蔣經國出任行政院長，實質掌理國政。其後 1978 年膺選為中華民國第六任總統，1984 年連任為第七任總統，不幸任期未滿的 1988 年 1 月 13 日辭世，那年他 78 歲。他一生最後的十六年，可說盡瘁國政，奉獻全部心力於臺灣這塊土地。這位關鍵人物在關鍵時期的政府治理成績斐然，此段時間正是臺灣政治、社會的重要轉型期。這十六年的政府政績即使不稱為「經國之治」，說它是臺灣的「蔣經國時代」，絕不為過。

　　這套《蔣經國大事日記》，涵蓋「蔣經國時代」的十六年，起於 1972 年 5 月 20 日出任行政院長，迄於 1988 年 1 月 30 月奉安大溪止，每日行程幾乎均有如實紀錄。嚴格說這是蔣經國行政院長和兩仼總統的行政大事記，原係庋藏於國史館蔣經國忠勤檔案中的一種。原作毛筆、鋼筆文件應出諸經國總統秘書之手，察其所錄，很有總統日常行政實錄意涵。每日記載內容主要為蔣經國擔任院長、總統期間之行止、接見賓客、上山下海巡訪各地，重要會議要點（包括行政院院會、國民黨中常會、中央全會、總統府財經會談、軍事會談）、重要文告、年節談話內容等，大自內政上十項建設的推動，持續三十八年之久的戒嚴宣告解除，反共反獨的宣示，對中共三不（不接觸、不談判、不妥協）政策誓言；國際關係上中日、中美斷交，克來恩（Ray S. Cline）與韓、越「情報外交」，李光耀頻頻秘密來臺的臺新（新加坡）交誼，小至中學生給蔣經國「院長精

神不死」的謝卡小故事，有嚴肅的一面，也見人性幽默
的一環。《蔣經國大事日記》如能與蔣經國個人日記搭
配，「公」「私」資料，參照互比，將更能清楚見其行
事軌跡與作為。故而日記固可補《蔣經國大事日記》之
不足（蔣經國日記起於 1937 年 5 月，記至 1979 年 12
月 30 日因視力惡化中止），《蔣經國大事日記》亦正
足彌補日記之空闕。故此一資料，當屬研究「蔣經國時
代」不可或缺的寶貴史料。

四、

　　這套書記錄 1972 至 1988 年中華民國的國家領導
人行政大事，雖簡要，但不失為「蔣學」研究的重要工
具書。

　　本來歷史學的研究與編纂，就有「年代學」
（Chronology），是以確定歷史事件發生時間的科學，
從古代中國《春秋》、《竹書紀年》，到近人郭廷以的
《近代史國史事日誌》、《中華民國史事日誌》等，都
屬之。這套書一如晉杜預的〈春秋左氏傳序〉所言：
「記事者，以事繫日，以日繫月，以月繫時，以時繫
年，所以紀遠近，別同異也。故史之所記，必表年以首
事。」本書所記，甚至細至以時繫分，明確事件發生時
間，提供歷史發展線索，大可作為歷史研究的基礎。對
當代民國史、臺灣史研究而言，資料之珍貴，實無過
於此。

編輯凡例

一、 本書依照「蔣經國大事日記略稿」編輯,依日期
　　 排列。

二、 為便利閱讀,部分罕用字、簡字、通同字,在不
　　 影響文意下,改以現行字標示,恕不一一標注。

三、 附件及補充資料以標楷體呈現,部分新聞報導之
　　 附件不收錄。

目錄

中華民國 61 年（1972 年）

5 月 20 日　星期六
上午

十時，參加總統蔣公暨嚴副總統就職大典。

下午

三時四十分，謁見總統。

七時，參加國宴。

5 月 21 日　星期日
上午

九時四十分，訪晤國家安全會議黃秘書長少谷。

十時，參加遙祭國父典禮。

中午

十二時，訪晤司法院田院長炯錦。

下午

四時五十分，謁見總統。

六時三十分，參加嚴副總統暨夫人晚宴。

5月22日　星期一
上午

八時三十分，接見菲律賓眾議院議長維拉禮。

九時，接見泰國執政會議助理主席乃樸沙拉信。

下午

一時二十分起，由立法院倪院長文亞陪同，拜訪立法委員（計七十七位）。

六時三十分，宴全體立法委員。

5月23日　星期二
上午

八時起，由立法院倪院長文亞陪同，拜訪立法委員（計六十八位）。

下午

一時四十分起，由立法院倪院長文亞陪同，拜訪立法委員（計五十一位）。

5月24日　星期三
上午

八時起，由立法院倪院長文亞陪同，拜訪立法委員（計七十四位）。

下午

一時三十分起，由立法院倪院長文亞陪同，拜訪立法委

員（計八十位）。

5 月 25 日　星期四

上午

九時，出席行政院院會。

九時四十分起，由立法院倪院長文亞陪同，拜訪立法委員（計二十五位）。

下午

五時，謁見總統。

5 月 26 日　星期五

上午

九時四十分，訪晤中央黨部張秘書長寶樹。

中午

十二時，公於立法院以最高票（出席立法委員四〇八人，三八一張同意票，得票率百分之九十三點三八）同意為行政院院長，旋即發表書面談話，遵循「國家利益為本，民眾利益為先」的原則，為國家效命，為民眾服務。

下午

訪晤國家安全會議黃秘書長少谷。

訪晤陳故副總統夫人。

訪晤谷正綱先生。

訪晤陳立夫先生。

訪晤張羣先生。

七時三十分，參加美國駐華大使馬康衛晚宴。

為國效命・為民服務

（總統提名為行政院長，經立法院同意後，發表書面
談話）

　　經國奉總統提名，中國國民黨徵召，並承立法院同
意，接受行政院院長職責，內心實在非常惶恐。現在，
正是我們為民族自由、國家復興，與匪共決存亡、爭生
死的重要關頭，此後大家所將遭遇到的，就絕不是風
平浪靜的行程，而必然是驚濤驟雨的衝擊。但是經國深
信，只要政府和民眾同舟一命，患難與共，萬眾一心，
肝膽相照，服從總統的領導，貫徹反共的國策，堅持復
國的目標，我們就必能克服一切困難，衝破一切危險，
獲致反共復國的最後勝利。

　　經國自知學識短淺，經驗有限，本不敢承擔如此重
大的行政責任；惟個人稍可自信的，就是必當抱持一片
赤忱，與我海內外同胞，堅持共同的信心，集中共同的
力量，腳踏實地，埋頭苦幹。在這一前提之下，經國
個人無一不可以犧牲，──但絕對不容許犧牲的，乃是
民族的生機和國家的命脈──也無論未來的處境如何艱
危，無論時代的考驗如何嚴酷，誓必排除萬難，盡我職
責，為維護中華民國的尊嚴、消滅叛逆匪共的暴政、實
現三民主義的理想，而犧牲奮鬥。

　　自從政府在臺澎金馬建立復興基地以來，歷任行政

院院長在總統領導之下，已經為復國建國大業奠定了堅實的基礎。經國自當根據這些已有的成就，遵循「國家利益為本，民眾利益為先」的原則，為國家效命，為民眾服務。我們要以動員戰鬥，來充實國防力量；以安定繁榮，來增進民眾生活；以求新求行，來改造社會風氣；以新速實簡，來提高行政效率；並要在行政各部門，積極的培養青年新血輪，使在政治上發生並形成新陳代謝的作用。為了這些，政府與民眾，就必須確立共同的想法、看法和做法，向共同的目標，做共同的努力。

今天國家當前的處境是何等艱難！大陸同胞的生活是何等痛苦！姑息逆流是何等瘋狂！共匪毛賊是何等猖獗！特別是總統對完成復國任務的願望是何等殷切！此時此地，我們如果再不竭心盡力，做好自己應作的工作，試問將再等待何時？亦且將復置身何地？經國願以守法紀、負責任、推進廉能政治，來和全體行政人員，互相勉勵，共同踐履。國家行政，原是與每一國民，都具有密切關係的工作，自然也需要每一國民提供充份的智慧和能力。而行政興革，又復頭緒紛繁，如何掌握重點，權衡緩急，自尤須深籌熟慮。因此，我懇切希望大家，讓我度德量力，少說些話；也讓我面對現實，多做點事。我更切盼大家，經常指出我的缺點，糾正我的錯誤，如果對行政興革有任何建議，也請毫無保留地提供出來。總統告訴我們「政府是一部為民眾服務的機器」，我深深相信，只有為國家、為民眾做事的政府，才會得到民眾的支持；亦只有得到民眾支持的政府，才

能發揮充份的力量。憑藉著這種全民一心、全國一致的
偉大動力，就一定足以完成總統所昭示的「國民革命再
北伐，中華民國再統一」的時代使命。

5月27日　星期六
上午

九時○四分，謁見總統。

訪晤薛岳先生。

中午

十二時三十分，在行政院接待室參加聯宴。

5月28日　星期日
下午

接見臺灣省政府主席陳大慶。

晤見黃少谷先生。

5月29日　星期一
上午

八時三十分，接見美國東區祝賀總統蔣公就職代表團一
行十二人。

接見美國陸軍部長福基。

下午

三時，出席中常會

分別訪晤郭寄嶠先生、陳雪屏先生、董文琦先生、何應

欽先生及顧祝同先生。

5 月 30 日　星期二
上午
十時，出席中樞紀念國父月會，並宣誓就任行政院
院長。

下午
二時，陪同嚴副總統赴基隆參觀美國海洋研究船「海洋
學者」號及客運大廈土產藝術品商店。
巡視基隆市政府，詳詢便民服務事項辦理情形。
六時十五分，謁見總統。

5 月 31 日　星期三
上午
九時，出席中常會。

下午
四時，主持歡送嚴兼院長茶會。
六時三十分，參加南非國慶酒會。

6月1日　星期四

上午

九時，在新舊任行政院院長交接典禮中致詞，對過去三年來在副院長任內嚴副總統所給予之愛護與指導，衷心表示謝意；並期勉行政院全體同仁，在此國家多難、大敵當前、國恥未雪、共匪未滅之時，一心一德，盡心盡力，穩紮穩打，腳踏實地地來為國效命，為民服務。

九時三十分，主持行政院院會，特別提出「平凡」、「平淡」、「平實」六字與行政院同仁共勉──在做人方面，要求平凡；在名利方面，要求平淡；在做事方面，要求平實。並提示：

一、要發揮團隊精神，切實合作，並要深入民間、深入問題，徹底地去求瞭解和解決。

二、法令規章的清查整理與積案清理之工作，應即展開。

三、凡屬各部會的人事、經費、工作、業務，均授權各部會首長全權決定；各部會現有之各工作小組均撤銷，以加強首長權責。

四、本院電子處理資料審議委員會之業務，由主計處接辦，該委員會撤銷；本院國有財產審議委員會之業務，由財政部接辦，該委員會撤銷；本院中央公務人員購置住宅輔助委員會之業務，由人事行政局接辦，該委員會撤銷；本院公用事業費率審議委員會撤銷。

內閣全體名單：

副院長	徐慶鐘
政務委員	葉公超
政務委員	連震東
政務委員	俞國華
政務委員	李連春
政務委員	周書楷
政務委員	郭　澄
政務委員	李登輝
政務委員兼內政部部長	林金生
政務委員兼外交部部長	沈昌煥
政務委員兼國防部部長	陳大慶
政務委員兼財政部部長	李國鼎
政務委員兼教育部部長	蔣彥士
政務委員兼司法行政部部長	王任遠
政務委員兼經濟部部長	孫運璿
政務委員兼交通部部長	高玉樹
政務委員兼蒙藏委員會委員長	崔垂言
政務委員兼僑務委員會委員長	毛松年

下午

三時十分，謁見總統。

6月2日　星期五

【無記載】

6月3日　星期六
上午

九時十八分，訪晤黃杰先生。

九時二十六分，訪晤袁守謙先生。

九時三十五分，訪晤俞大維先生。

中午

十二時三十分，午餐款待王叔銘夫婦。

下午

六時十八分，謁見總統。

6月4日　星期日
下午

三時二十分，與臺灣省政府新任主席謝東閔晤見。

四時二十分，與政務委員周書楷晤見。

四時五十四分，謁見總統。

六時十五分，訪晤考試院孫科院長。

6月5日　星期一
上午

十時，接見日本駐華大使宇山厚。

6月6日　星期二
上午

九時二十分，主持臺灣省政府新舊任主席交接典禮，並

致詞指出：今後臺灣省政努力的目標和方向，在掃除政治上的污染、社會上的污染和生活環境上的污染；勉勵臺灣全省公務人員，要樹立為民服務觀念，一切均以民眾的利益為先，共同謀取臺灣省政的再革新、再進步。

十時二十五分，巡視臺灣省議會。

十一時〇五分，巡視臺灣省立臺中圖書館。

下午

四時，謁見總統。

6 月 7 日　星期三

上午

九時三十分，出席中常會。

下午

三時，主持經濟合作委員會委員會議。

6 月 8 日　星期四

上午

九時，主持行政院院會，對各機關的公務處理及行政人員的工作態度、生活言行，提出了十項革新指示：

一、各級政府除已正式列入預算者外，均應停止建築辦公房舍。

二、各種公共工程之開工與完工，可以公告方式行之，不必舉行任何典禮儀式。

三、各級政府機關派員出國考察或參加國際性會議，必

須事先有週詳之計劃，其所派人員並以具有各類專長、精通外文為主要要求。

四、各級機關應不作不必要之視察，如確有必要，視察人員不得接受任何招待，被視察單位亦不得迎送。

五、各部會首長以及全體行政人員，除參加政府所規定之正式宴會以及招待外賓所必需者外，一律不得設宴招待賓客，並謝絕應酬。

六、公教人員於婚喪喜慶，除有親戚關係或有深交者外，不得濫發喜帖及訃告。

七、各級行政人員一律不得進出夜總會、舞廳、歌廳、酒吧、酒家等場所，如有違反規定者，應從嚴處分。

八、各級首長主管均應謝絕各界剪綵、揭幕等之邀請。

九、各機關預算內所規定之加班費、出差費，除必要之加班、出差外，不得假借名目移作其他用途，但各級機關首長對各機關學校公教人員之福利，應妥善辦理。

十、在日常處理公務方面，人人要能切實負責，自己能予解決之問題，應即自行解決；今日能予辦完之事，應即今日辦完；不必要召開的會議不開，凡要開的會議，事前必有充分準備，會後必有結果。不辦不切實際、沒有結果以及不必要之公文；凡屬應該辦的，必須辦得徹底，追蹤到底。向上級提供意見，是每位工作人員的權利；接納部屬意見，是每位主管的義務。

下午

五時二十五分，謁見總統。

6 月 9 日　星期五

上午

八時，約行政院政務委員共進早餐。

十一時，接見國立清華大學校長徐賢修。

十一時四十五分，訪晤黃秘書長少谷。

下午

四時起，分別接見反共音樂家馬思聰夫婦、私立東吳大學校長端木愷、交通銀行董事長趙葆全及國立師範大學教授郭為藩。

6 月 10 日　星期六

上午

八時二十分，至臺北市立殯儀館弔祭監察院李故院長嗣聰之喪。

九時，主持臺北市新舊任市長交接典禮，並勉勵新任市長張豐緒及市政府工作人員，要以跑萬米的精神，致力於建設現代化的都市，多多照顧沒有人照顧的地方。

十時十分，巡視臺北市議會，盼望各位市議員支持市政府為民服務。

十時十五分，主持行政院政治小組會議。

下午

四時三十分，謁見總統。

6月11日　星期日

上午

八時，約外交部部長沈昌煥等共進早餐。

十時五十六分，謁見總統。

下午

四時四十分，謁見總統。

6月12日　星期一

上午

十時四十五分，拜會嚴副總統暨張羣資政。

下午

三時，出席中常會。

六時二十五分，參加菲律賓國慶酒會。

6月13日　星期二

上午

八時三十分，接見美國林肯基金會董事長林肯暨哈德福
大學校長伍福德等。

九時，列席立法院會議，報告施政方針，強調革新行
政、強固國防、加速經濟發展；以修明內政為後盾，推
展總體外交；在三民主義大纛引導下，光大法統，造福

人群；提高警覺，加強應變，以我之實，攻敵之虛。

下午

三時，列席立法院會議，並於答覆質詢時表示：

一、政府決嚴懲貪污，並盡力提高軍公教人員待遇。

二、國防為國家生存及安全所繫，對國防措施，當特別
　　注意。

三、在外交上，決運用各種有利條件，鞏固國家地位，
　　並不斷發展與自由世界的關係。

四、以三民主義的經濟建設，作為光復大陸的有力武器。

六時二十五分，謁見總統。

施政方針報告

主席、各位委員先生：

　　經國奉總統提名，並蒙貴院委員先生投票同意，接
任行政院院長。在此世局變幻、國家殷憂的時刻，承擔
艱鉅，內心深感惶恐。今天前來貴院報告施政方針，敬
請惠賜指教，更望經常多予督策和支持。

　　行政院自下月一日開始的六十二年度施政方針，已
由嚴前院長在本年二月初旬送達貴院。由於國家政策的
推行，有其持續性和連貫性，基本的目標與方向，自不
因行政院的改組而有所變更。因之，經國接長行政院以
後，對於上項既定方針，當將繼續付諸執行。也就是要
以既有施政成果為基礎，力求政治革新的再創進，經濟
建設的再壯大，文化教育的再進步，與軍事戰備的再加
強。概括的說，我們的基本方針：

　　對內應繼續革新行政，強固國防，宏揚法治精神，加速經濟發展，全面充實國力，充分準備因應各種情勢，克服一切困難，確實做到「莊敬自強」，以鞏固反攻復興基地。

　　對外應本獨立自主的精神，以修明的內政建設為後盾，積極發揮總體外交的功能，審時度勢，把握重點，綜合運用政治、經濟、文化、科技各種力量，配合外交作戰需要，致力推進各種國際合作，加強我與各國友好關係，切實做到「操之在我」，以打破共匪的國際統戰陰謀。

　　當然，今後在實際執行此項方針的過程之中，自將隨時針對主客觀環境的變動，情勢發展的需要，作不斷的檢討，機動的加以修正或改進。如有必要，在範圍上自將不限於原擬的施政項目而酌為增刪；在次序上不泥於已定的先後而分其緩急；在程度上也將不拘於既有的衡量而權其輕重，總須充分有效運用國家總資源，作最合時宜，最符國家利益的調度，以期發揮最大的功能。

　　同時，我們將牢固的把握幾個原則和方向：

　　鑑於國家民族面臨危急存亡，歷史文化到了綿延絕續的關頭，一切施政，要皆以恢弘民族大義，提振民族精神，維護民族文化的優良傳統為大前提、大目標，因而我們將更堅持以承繼中華悠久道統的三民主義為立國理想的正鵠，在三民主義的正義旗幟之下，加強團結所有海內外中華兒女，同心協力，誓必摧毀破壞倫理、滅絕道德、陷民族生命於危亡的共匪叛逆集團，使大陸億萬同胞重享和平自由的福祉！

　　基於我政府乃是根據憲法所組成的民主政府，不僅有其莊嚴神聖的法統，更有崇高純潔的理想，是即建立一個民有、民治、民享的民主共和政體，一切都要以民眾利益為先。因而政府的施政，務必堅持民主憲政的信守，並屬行行政革新，廣攬才俊新銳，全力推進為民服務的廉能政治，徹底改造政治風氣，真正做到人民有權，政府有能，以光大我們的憲政法統，也憑此以為消滅共匪極權暴政的主要利器。

　　感於「奠定社會安寧，增進人民福利」乃是憲法所揭櫫的基本宗旨，而建設之首要在民生，更是國父遺教的昭示。因此政府必當盡力貫徹經社建設計劃的繼續執行，在既有建設成果的基礎上，務求經濟保持穩定而快速的成長，社會產生安定而繁榮的力量，教育科技普及而踏實的發展，來促進經濟社會的現代化，擴大國民就業，提高國民所得，增進國民智能，以裨益民生，福利社會。

　　懍於現代國防的總體性和重要性，沒有國防，就沒有國家主權可言，也沒有國民的生存安全可言，因之沒有國防建設，也就沒有國家建設。尤其今日奸匪未除，河山未復，我們必須善用國力，兼顧建軍與備戰，積極充實三軍，強化戰力，並使武力與國民結合，待機動員，隨時與敵人作決勝的戰鬥！

　　由於當前國際社會屈從邪惡勢力，形成公理正義不彰，敵友是非不明，以致世變紛紜，動盪不寧。在此迷惘若失的世局中，我中華民國雖然屢受拂逆頓挫，但我們自有立國的精神原則，我們決將堅持伸張國際正義的

立場，決不放棄維護世界和平的職責，堅韌勇毅，與友
邦合作互助，以團結自由力量，確保國際安全，為我
們革命外交的主旨和方針，與共產邪惡和姑息浪潮搏
鬥到底！

　　本諸以上的原則和方向，我們自須再有統合的、具
體的、切實的和有效的作法，務求各項目標的充分實
現。以經國的體驗，認為我們的作法將是：

　　要從大處遠處著眼——因為我們有歷史，我們有抱
負，我們有三民主義的理想，所以我們今天不能單看小
的地方，不能只看自己，不能光看局部，更不能只顧眼
前，尤其有著復國建國的任務在等待我們去完成，因之
我們的一切政務，都要從大處遠處著眼，要顧到全局，
顧到將來。

　　要揀實際重點著手——今天國家處境艱困，已不允
許我們再事虛浮粉飾，只講表面，不務實在。任何措
施，不僅要步步踏實，更要處處結實、誠實，以使件件
政事確實都於國家人民有益；同時，國家資源有限，也
絕不能稍涉靡費，而必須用在重點，確收實效。

　　要發揮團隊合作精神——就政府的行政部門來說，
我們將盡力使各部門間的環節銜結起來，破除本位觀
念，密切配合，不使脫節，以發揮集體的智慧和才能，
創造集體的成果，同時也使行政管理達到統一計劃、有
效掌握、權責合一、協調分工的效果。

　　要樹立親民愛民的風氣——民主政治既是民意的政
治，政府的措施，自應完全依據民意，與民眾的願望相
結合，以民眾的利益為依歸，為民眾提供最好的服務。

因之，所有行政部門，從觀念到作法，都須不離民眾，接近民眾，以親愛精誠的態度，確盡做民公僕的職責。

以上只是舉出我們行政部門決將採取的一般作法，而總括來講，我們的作法將有一個最高的準則，那就是：凡於復國建國大業所必要、於建設現代化國家所必行、於國民福祉所必需的，我們就必毅然戮力以赴，毫不鬆懈；反之，凡是不合時代要求、不合國家民眾利益、有礙行政效率、甚且有背復國建國大計的，我們都必斷然加以棄絕，毫不遲疑。這一微衷，深望全國各界隨時給予勉勵，以期不違所願！

各位委員先生：今天我們的革命形勢，真是非常的艱難險惡，我們所將接受的考驗，比以往任何時期都要嚴酷。今天我們面臨的環境，也真是錯綜複雜，是中外歷史上所沒有的，但我們可以不必將它看得太複雜。因為：對世界來講，今天只有一個衝突、一個戰爭、一個任務、一個結果，這唯一的衝突就是民主與極權的衝突，唯一的戰爭就是自由與奴役的戰爭，唯一的任務就是維護人類尊嚴與世界和平，唯一的結果就是正義戰勝邪惡。對我中華民國來講，今天更是只有一個衝突、一個戰爭、一個任務、一個結果，這唯一的衝突就是我們三民主義仁政與共匪暴政的衝突，唯一的戰爭就是我們的反攻戰爭，唯一的任務就是消滅共匪、收復大陸，唯一的結果就是以仁制暴，國民革命勝利成功。這是我們的基本看法，也是在這複雜環境中間很簡單的一條道路，是我們所要走的道路！

目前共匪雖然猖狂，它在國際間玩弄的統戰陰謀雖

然眩惑於一時，但不論它如何偽裝，如何掩飾，我們有足夠來自敵後的資料可以肯定：共匪的內部永遠是亂的，絕不能安定；共匪的內部永遠是分的，決不會合一；共匪的內部永遠是鬥的，斷不會停止。所以只要我們沉著堅定，忍辱負重，團結一致，樂觀奮鬥，有信心，有目標，前進不懈，以我之實，擊敵之虛，我們必能獲得勝利！

當然我們深切認清「此時」「此地」的特殊性和嚴肅性，「此時」是決定國家命運的最後關頭，「此地」是復興民族的最後立足點，我們再不能瞻前顧後，徘徊徬徨，而必須時時提高警覺警惕，因為平靜無事的時候，可能就是有事的預兆。我們也要處處加強應變，因為任何更為惡劣的變局可能隨時來臨。尤其我們將牢牢緊記總統在上月宣誓就職時的訓示：「毛賊匪共，一日不除，國民革命的志事，雖千磨百折，絕不中止。」

經國接任伊始，對於今後的政務，將與行政院的同仁熟籌詳商，篤實踐履，盡我職責，具體的施政，當在以後貴院會議，提出報告。各位委員先生雖與經國站在不同的崗位，但大家都有共同的事業，共同的願望，共同的責任，我們必能用共同的情感，共同背起一個救國救民的十字架，讓復國建國大業充滿光熱。經國並願於此刻掬誠奉告，行政院當必尊重憲法賦予貴院的職權，共為我們的歷史使命而努力。敬請各位委員先生指教，支持！

謝謝各位。

6 月 14 日　星期三

上午

八時三十分，接見瓜地馬拉駐華大使何瑞達。

九時三十分，出席中常會。

十一時四十分，謁見總統。

下午

五時四十五分，在岡山與空軍官校學生會餐並講話。

6 月 15 日　星期四

上午

六時四十五分，巡視楠梓出口加工區。

七時，巡視左營海軍官校專修及預備學生班，並與正期學生班共進早餐及致詞勗勉。

八時三十分，巡視高雄第二港口暨旗津造船廠並聽取該廠簡報。

十一時五十五分，巡視大樹鄉陸戰隊營區，並與官兵共進午餐。

下午

一時二十分，巡視屏東大武營區空降部隊及屏東榮民之家。

二時四十分，巡視三地門鄉公所、教會醫院及衛生所。

三時二十分，巡視屏東榮民醫院。

6月16日 星期五
上午

六時十五分，巡視鳳山陸軍官校預備學生班及專修學
生班。

七時三十分，巡視高雄縣政府並聽取簡報。

八時十五分，在陸軍官校以早餐款待何應欽將軍等。

十時，主持陸軍官校建校四十八週年校慶典禮，勉勵全
體師生必須具備最大的耐力、毅力與勇氣，來完成國民
革命軍再北伐、再統一的神聖任務。

十時三十五分，代表總統授勳陸軍一級上將黃杰。

中午

十一時三十分，與陸軍官校師生會餐。

十二時二十分，巡視曾文水庫並聽取簡報。

下午

三時，巡視中興新村臺灣省政府，並指示要精簡機構、
清理環境、簡化法規、減少會議。

6月17日 星期六
下午

四時二十分，至圓山飯店拜會瓜地馬拉總統阿拉納。

六時四十分，參加嚴副總統歡迎瓜地馬拉總統之國宴。

6 月 18 日　星期日

中午

約臺北市市長張豐緒共進午餐。

下午

三時四十分，謁見總統。

6 月 19 日　星期一

上午

九時起，分別接見硫酸錏公司董事長蔣堅忍、中央社社長魏景蒙、返國學人陳效仁等。

中午

十二時，以午餐款待越南外交部部長陳文林，並代表政府贈勳。

下午

五時，接見臺灣水泥公司總經理辜振甫。

6 月 20 日　星期二

上午

八時三十分，約內政部部長林金生及司法行政部部長王任遠舉行座談。

十一時三十分，拜會監察院代院長張維翰。

中午

十二時二十分，歡送瓜地馬拉總統阿拉納離華。

6月21日　星期三
上午

八時，約美國駐華大使馬康衛共進早餐。

九時三十分，出席中常會。

下午

四時，謁見總統。

6月22日　星期四
上午

九時，主持行政院院會。

下午

四時，邀請監察委員茶敘，徵詢對當前國是及革新意見。

6月23日　星期五
上午

八時三十分，約外交部部長沈昌煥、僑務委員會委員長毛松年及新聞局局長錢復舉行座談。

下午

四時三十分，接見中國時報發行人余紀忠。

五時○五分，謁見總統。

6 月 24 日　星期六
上午

八時三十分，約財政部部長李國鼎、經濟部部長孫運璿及交通部部長高玉樹舉行座談。

十一時四十分，訪晤黃秘書長少谷。

6 月 25 日　星期日
上午

九時十六分，訪晤政務委員周書楷。

十時二十五分，訪晤陳立夫先生。

下午

三時五十分，謁見總統。

6 月 26 日　星期一
上午

八時三十分，主持國防部擴大月會。

十時十分，訪晤總統府鄭秘書長彥棻。

下午

三時三十分，邀請考試院院長孫科及考試委員茶敘，交換政治革新意見。

6月27日　星期二

上午

八時三十分，接見教育部部長蔣彥士。

下午

四時，邀請司法院大法官茶敘，共商國是。

6月28日　星期三

上午

八時三十分，接見美國主管經濟事務助理國務卿阿姆斯壯。

九時三十分，出席國家安全會議。

下午

五時，謁見總統。

6月29日　星期四

上午

八時三十分，接見明德專案德籍教授考夫曼等。

九時，主持行政院院會。

十一時，接見中非駐華大使瓦德波。

十一時三十分，接見西藏噶倫宇托札西頓珠等。

下午

四時，邀請立法委員茶敘，就國家施政交換意見。

6月30日　星期五

上午

八時三十分，主持國防會談。

十時，出席中樞紀念國父月會。

十一時，接見饒大衛博士。

中午

十二時，參加教皇就職九週年紀念酒會。

下午

三時，出席中央評議委員暨中央委員座談會。

7月1日　星期六

上午

九時，接見中美人力資源會議全體代表。

下午

三時五十分，謁見總統。

7月2日　星期日

上午

八時，約蔣彥士共進早餐。

九時，訪晤國立政治大學校長劉季洪。

九時四十分，巡視大學聯招臺大及師大考場，並慰問救
國團派赴各考場服務人員。

下午

四時五十分，謁見總統。

7月3日　星期一

上午

九時，拜會嚴副總統。

7月4日　星期二

上午

十一時，接見美國主管亞太地區事務助理國務卿葛林。

下午

三時二十三分，謁見總統。

六時十七分，參加美國國慶酒會。

七時十分，謁見總統。

7月5日　星期三

上午

七時三十分，以早餐款待美國主管亞太地區事務助理國務卿葛林。

九時，出席中常會。

下午

三時，主持經濟合作委員會委員會議。

六時三十分，參加委內瑞拉國慶酒會。

7月6日　星期四

上午

八時，接見美國主管安全援助事務副國務卿塔爾。

九時，主持行政院院會。

下午

三時五十分，謁見總統。

7月7日　星期五

上午

七時三十分，以早餐款待美國主管安全援助事務副國務

卿塔爾。

十一時三十分，訪晤國防部陳大慶部長。

7月8日　星期六

上午

八時三十分，至臺北市政府聽取簡報，提示：臺北市政
建設，應集中全力解決市民最需要解決的問題。

十時四十五分，訪晤張資政岳軍。

下午

四時三十五分，謁見總統。

六時三十分，拜會嚴副總統。

7月9日　星期日

下午

四時十五分，謁見總統。

7月10日　星期一

上午

九時，主持國防會談。

十時三十分，約情治首長座談。

下午

四時，接見內政部部長林金生。

7月11日　星期二
上午

八時三十分，主持行政院動員月會，勉勵公務人員要建
立為民服務的正確觀念，人人自動履行十項革新要求。

九時三十分，接見國立中興大學校長劉道元。

十時四十分，至約旦駐華大使館為約旦國王王父之逝簽
名致唁。

十時五十分，祝賀王雲五先生壽辰。

中午

十二時三十分，謁見總統。

7月12日　星期三
上午

八時，接見駐泰國大使馬紀壯。

九時，出席中常會。

下午

五時，謁見總統。

7月13日　星期四
上午

九時，主持行政院院會。

下午

五時三十五分，謁見總統。

7月14日　星期五

致函臺北市市長張豐緒，對臺北市政今後應走的方向，提出九點意見：

一、郊區及市區的建設，要求均衡發展。

二、提高自來水的品質，並使市民都能享用自來水。

三、消除空氣污染來源，徹底改善交通秩序。

四、加強市場管理，消除一切不良陋規。

五、掃蕩地下賭場、流氓、竊盜、幫會等不法之徒。

六、警察人員執行任務時，應保持親切和善而嚴格公正的態度。

七、各項教育設施，應具有一種示範作用的標準，尤應加強考核私立學校。

八、加強社會福利和救助工作，多照顧貧病、老弱及退除役官兵的生活。

九、鼓勵並獎勵奉公守法、忠勤盡職的市政工作人員，嚴懲貪瀆污弊的人員。

致張豐緒市長信

豐緒市長：

　　從你接任一個月來處理市政所表現勇於任事的精神和熱誠負責的態度，相信已在臺北市民心中留下良好的印象。好的開始是成功的一半，我為你高興，並預祝你成功。

　　上週我參加市府的會報，聽到了關於臺北市區的建設計劃，內湖社區的開發計劃，以及「萬大」計劃的詳細說明。我知道你已把握了臺北市政今後應走的主要方

向，當時，因為時間關係，未及多言，現在我想補充提供幾點意見：

第一、我認為臺北市的市區中心，除了必須經常注意保持市容的整齊清潔以外，更要注意下水道的暢通和道路的維護，但是改制以後的臺北市已是一個大都會的型態，郊區的建設也是非常的重要，所以希望在六十二年會計年度內，完成已列有預算的市區建設計劃之後，應該集中人力財力來建設郊區，使與中心市區能有均衡的發展，至於市區內舊有的一些無計劃狀況下所搭建的簡陋房屋，為了公共衛生、交通秩序和大眾安全等著想，都應改建，並採取「先建後拆」和就地改建的兩項原則，同時並可與興建國民住宅的計劃，配合進行，以妥善顧到當地居民的生活，希研究能和「萬大」計劃一併提早實施。在郊區和窳陋落後地區，未改建完成以前，應先特別著重於這些地區環境清潔的檢查、公共衛生的保持，以及垃圾的清理等工作。

第二、目前臺北市內仍有若干地區的居民尚無自來水可用，不能不說也是落後現象的一種。如何能使每一市民都能享用自來水，並提高水的品質，應該是一個大都市最起碼須做到的要求。

第三、臺北市區內空氣污染和交通秩序的紊亂，已成為嚴重的問題，必須從速採取標本兼治、同時並進的辦法，有計劃有進度的切實執行，希望能對污染的來源，澈底檢查消除，對違犯交通規則的事件，責成交通警察嚴格取締，以使臺北市民能有呼吸清潔空氣和行路安全的享受。

第四、市內各個菜市場內的污穢、嘈雜和許多的陋規，又是臺北市「髒」與「亂」的另一面。這個關係每一市民每天日常生活最密切的場所，必須積極加以整頓，維護市民生活的福利，除了籌劃改建和增建新的菜市場以外，現有的市場都要加強管理，維持整齊清潔，並消除一切不良陋規。

第五、為使臺北市民更有一個純淨和安寧的社會環境，我們必須正視社會的陰暗面，許多擾亂治安和破壞社會優良風氣的行為，都隱藏無數的罪惡。警察機關必須對於那些地下賭場、流氓、竊盜、幫會等等為非作歹的不法之徒，無情的加以掃蕩。

第六、我們的警察人員在執行任務時，無論是勸導、糾正或處罰，除了必須依法辦理之外，都應保持一個親切和善而嚴格公正的態度，並且對於任何人要一視同仁，不能有所偏頗，這樣才可使得市民都認警察是他們生活上的保障和保護者。

第七、教育行政的改革，是當前臺北市施政重點之一。我希望臺北市的各項教育設施，包括師資設備，以及教學方法等各方面，都應具有一種示範作用的標準，不僅公立學校如此，對於各級私立學校尤應加強考核管理，如有不按法令規定，甚至「辦學斂財」等情事，應即處分，不必徇情。

第八、臺北市的社會福利和救助工作，尚應加強，特別對於貧病和老弱要多加照顧，因之這方面的福利和救助設施，需要擴充和改進的都不妨撥款辦理，把工作實實在在的做好。對於退除役官兵的生活照顧，更是於

國家社會極有意義有價值的事；臺北市預定籌建的榮民之家，也望依照計劃完成。

第九、市政府以及各區公所的所有市政工作人員，我相信絕大多數都奉公守法，忠勤盡職的，對於他們應時時給予鼓勵和獎勵，但如有貪瀆舞弊的情事，則務必嚴加懲辦，不能稍有寬縱。

我總以為為民服務的政府，一切施政，都應為多數人利益著想，為長期計劃目標打算，縱然不免犧牲少數人的利益，但只要一切秉公處理，依法辦理，排除情面和人事關係，就不必多所顧慮。我想這「為民服務」四個字，可以作為我們大家今後處理大小事務共同遵循的原則。

總之，今天國家處境艱難，我們全體行政人員於處理日常工作之中，都應刻刻不忘國難當頭，人人盡心盡力，為國效命，為民服務，以一個堅強團結鞏固安定進步繁榮的復興基地，來保證反共復國的必勝必成。臺北市是目前中央政府的所在地，更應加倍努力，做到真正的「首善之區」。我希望和你們以此共同勉勵。上面所提的幾點意見，並請你同有關單位研究策劃進行。

祝你

健康快樂

蔣經國

六十一年七月十四日

7月15日　星期六
上午

九時，參加中央研究院第十屆院士會議開幕典禮。

下午

四時十五分，謁見總統。

7月16日　星期日
下午

四時三十分，謁見總統。

7月17日　星期一
下午

四時，接見農復會主任委員沈宗瀚。

五時三十分，接見留美工程師葉玄等七人。

7月18日　星期二
上午

八時三十分，主持財經及交通座談。

中午

十二時二十五分，參加西班牙國慶酒會。

下午

六時三十分，謁見總統。

7 月 19 日　星期三

上午

八時，接見日本駐華大使宇山厚。

九時，出席中常會。

下午

五時○五分，謁見總統。

六時三十分，拜會張資政岳軍。

7 月 20 日　星期四

上午

九時，主持行政院院會。

下午

五時三十分，接見沙烏地阿拉伯駐華大使丹佳尼。

六時二十分，參加哥倫比亞國慶酒會。

7 月 21 日　星期五

上午

八時，接見美國眾議員史班斯。

八時三十分，主持教育文化座談。

十時三十分，主持國防會談。

下午

四時三十分，謁見總統。

7月22日　星期六
上午

八時三十分，約行政院秘書處組長以上人員座談。

下午

二時二十分，謁見總統。

四時三十五分，謁見總統。

7月23日　星期日

全日陪侍總統。

7月24日　星期一
下午

四時三十五分，謁見總統。

7月25日　星期二
上午

八時三十分，主持外交、僑務及新聞座談。

十時，接見美國康乃爾大學經濟系教授劉大中。

下午

五時四十五分，謁見總統。

7月26日　星期三
清晨

與臺灣省政府主席謝東閔通電話，對於南部高屏地區因

海水倒灌所造成之災害，表示關切；並請謝主席盡一切
力量，救濟災民，恢復交通。

上午

八時三十分，接見美國紐約安良工商總會總理余讚
煖等。

九時，出席中常會。

下午

三時三十五分，謁見總統。

七時三十分，參加美軍協防司令包柏格之晚宴。

7 月 27 日　星期四

上午

九時，主持行政院院會。

十一時，接見美軍太平洋區總司令馬侃上將。

十一時四十二分，謁見總統。

下午

七時，以晚宴款待美軍太平洋區總司令馬侃上將夫婦，
並代表政府贈勳。

7 月 28 日　星期五

全日陪侍總統。

7月29日　星期六

上午

十時，出席中樞紀念國父月會。

中午

十二時○五分，謁見總統。

7月30日　星期日

全日陪侍總統。

7月31日　星期一

下午

四時四十三分，謁見總統。

8月1日　星期二

發表給各級行政人員的公開信，其要點如次：

一、鞏固臺澎金馬復興基地、完成反共復國大業，是大
　　家共同的事業，亦即我們尚待實踐的總目標。

二、樹立正確的觀念──要有高度的責任感，為工作而
　　生活，不要為生活而工作。

三、屬行政治革新，肅清少數貪瀆敗類，以維護整個
　　清廉公務人員的令譽，以光明正大、問心無愧的心
　　情，為國家和大多數人的福祉著想，勇往直前，把
　　政策貫徹到底。

四、今後執行任何政策，都須事先作週詳的考慮、精密
　　的分工，並有妥善的步驟、方法和公平、公正的
　　立場，在不驚民、不擾民、不害民的原則下，完
　　成任務。

致各級行政人員公開信

親愛的各級行政工作同仁：

　　經國就任行政院長的職務，雖然還只短短兩個月的
時間，但我已深深體會到你們所給我的合作與支持，特
別是在此期間，我收到了你們許許多多的來信，其中有
很熱誠的鼓勵、很寶貴的建議，也有對目前的施政有所
疑問而提出不同的意見和批評。對於這些給我的鼓勵、
建議、意見和批評，經國除了由衷的感謝以外，尤其高
興的是，從各位坦誠的建言中，看到我們行政工作同仁
大家同心一德，為了勵精圖治、奮發圖強，顯現出一片
真摯，也潛藏著無窮的力量，使我們更增添了反共復國

必能成功的信念！

　　實在因為公務的關係，抽不出時間來一一作覆，所以想寫這封公開信來綜合地表達我個人的一些感想，還請各位同仁原諒。不過無論如何，對於各位所提的意見書或計劃書，我都已交給有關單位，請他們去仔細參考研究，必要時他們將會分別邀約，再和你們共同商討。

　　我一向覺得，我們各級行政人員都能始終如一，堅定地站在各個崗位之上，埋頭苦幹，為工作貢獻出智慧與才能，也唯有靠這樣的精神，纔能帶動著各方面的進步，但是還有一個共同的總目標等待我們去實踐，如果沒有這一目標，我們一切的努力都將勞而無功，這個目標便是：鞏固臺澎金馬復興基地，完成反共復國的大業，而這也是我們共同的事業。因之我們不要輕把自己只看成為事務人員，而應看作共同事業上為國為民、犧牲奮鬥的革命鬥士！

　　不錯，我們要注重工作，也要注重到生活，各級行政人員生活的安定與改進，自是政府的責任，最近行政院為了增進公務人員福利和正當娛樂活動，都已有所籌劃。然而當前我們處身於此時此地，在總目標的要求下，大家還需建樹一個正確的觀念，那就是要為工作而生活，不是要為生活而工作。這就是說：我們應當要有高度的責任感，具有了這樣的志趣，纔會使工作感到有意義，會在工作中散發出熱誠，從而也會對工作目標確立起信心。

　　在你們的來信之中，有幾位同仁提到行政院對於公務人員的社交生活，似乎限制得太多了些。關於這一

點，我要特別再向各位說幾句話。行政院所要求於大家
的，並不是消極的，而是一種積極的政治改革。我們所
以要如此措施，為了要使行政人員在民眾的心目中重建
一個新的觀感，而受到民眾的尊敬、信任和重視，完全
掃清一般民眾由於少數不良人員為非作歹致對公務人員
所造成的不良印象，而能心誠悅服與我們共同一起來工
作，我想現在應該是我們要以行動來作事實表現的時候
了，只要我們的生活、操守、行為、態度都無瑕疵，一
切工作都以國家和人民的利益為前提，那麼不難在民眾
心目中另立一個「無官不是公僕」的新觀感。這在政治
改革上實有極深遠的含義，所以希望大家不要枝枝節節
來看這個問題。

最近兩個月來，政府已嚴屬懲辦了一些貪贓枉法、
有瀆職守的公務人員，這些貪瀆的敗類，雖然只是極少
數，但大大影響了整個清廉公務人員的令譽，倘若不下
決心加以肅清。受害者將不僅是我們公務人員全體，
國家利益也必嚴重受損。莊子說：「夫為天下者，亦奚
以異乎牧馬者哉？亦去其害馬而已矣。」我們今天要屬
行政治革新，要重建公務人員一個新的聲譽，這批害群
之馬必須除去，以後也不容許再有害群之馬。不過，每
當推動一項新的措施，總有若干不同的意見，也總會遭
遇若干阻礙，關鍵在於只要我們一切做得光明正大、問
心無愧，只要我們做的是為了國家和大多數人的福祉，
那麼縱然剝奪了少數人的特權，縱然犧牲了少數人的利
益，我們都不必顧慮，大可勇往直前，把政策貫徹到
底。這一觀點，相信你們和我必有同樣的看法。

　　談到執行政策，我也頗有感觸。因為我知道，有若干政府機關的人員，往往因為執行方法的不當，不僅使得政策的預期目標不能達到，甚至還產生了反效果，把政府的良法美意完全變質。這種執行上的偏差，如果出諸無意，猶可原諒，但當然要在方法上、態度上、立場上詳加檢討，有所改進。如果執行的偏差出諸有意，像過去有所謂「拿著雞毛當令箭」，有的甚至還想「混水摸魚」，以致擾亂社會，弄到民心不安，發生怨尤，這種偏差絕對不應原諒，同樣的要嚴加懲辦。因之，我們今後執行任何政策，都須事先要有週詳的考慮，有精密的分工，有妥善的步驟和方法，尤其要有公平公正的立場，在不驚民、不擾民、不害民的原則下完成任務。行政院和所屬各機關的首長，猶如一輛車子的駕駛員，如有發現行車方向稍有偏差，必須隨時立即改正，各位都是車中的同行者，大家目標相同，安危相同，所以同樣也有改正偏差的義務，來使我們的車子保持在正確的道路上朝著正確的方向行進。

　　總之，各位同仁，今天國家正值危難之秋，而行政工作又是千頭萬緒，應興應革的事正多，我們唯有把握重點，竭盡我們的智慧與能力，一步步的踏實做去，為國家社會作最大的貢獻，並要以堅定、冷靜和沉著的精神與毅力來克服困難，衝破一切難關。現在行政院無論在內政、外交、國防、財政、經濟、教育、交通以及司法行政等各方面都已有了完整的重點施政計劃，希望大家眾志一心，力行實踐，務必完成計劃標的。而在力行之中，我認為最重要的，大家都應保持高昂的鬥志——

跟任何艱困的環境搏鬥,日新的創意——有不斷創新的理想追求。因為我們並非只為消極的去除弊,而要積極的更進一步去創造,創造合乎時代要求、合乎國家利益的現代行政,我們就必須同時兼具鬥志和創意兩項要素。

作為一個現代的行政工作人員,我想必然要有現代的知識,用現代的頭腦,去思考現代的問題,來適應現代的行政制度和組織,方能保持在現代化的社會中而不被淘汰。為了不致落伍,我想建議各位,在這大時代中,要能把握時光,多多讀書進修,吸收新知,充實自己,發揮潛力,我能保證你們必有成就。

祝你們

康樂進步!

蔣經國

六十一年八月一日

8 月 2 日　星期三

上午

九時,出席中常會。

8 月 3 日　星期四

上午

八時,約情治首長座談。

九時,主持行政院院會。

下午

四時，約晤立法院院長倪文亞。

8月4日　星期五

上午

十一時，接見沙烏地阿拉伯宮廷顧問阿德汗。

十一時三十分，接見美國第十三航空軍司令麥尼格中將。

8月5日　星期六

上午

九時，約財經首長座談。

8月6日　星期日

【無記載】

8月7日　星期一

上午

十時，拜會嚴副總統。

下午

五時，接見美國哥倫比亞公司新聞節目主持人克朗凱。

8月8日　星期二

發表談話，嚴正譴責日本媚匪態度，促其停止損害兩國
邦交的行動，以免再度造成歷史重大錯誤；並勸告日人
尊重國際條約信譽。

譴責日本媚匪態度談話

　　最近日本政府首長一再聲稱,將與共匪進行所謂「國交正常化」,並表示日本與共匪關係正常化時將與中華民國斷絕外交關係。日本首相及外相並計劃於九月間訪問大陸匪區,此乃對於中華民國政府與人民最不友好之態度,中華民國政府茲特予以嚴正之譴責。

　　中華民國政府乃中國唯一合法政府,保有中國大陸地區之主權,且二十餘年以來,對臺、澎、金、馬及其他領土有效行使主權。凡此,決不因其他國家採取之行動而受任何影響。我政府自將採取一切必要措施以保衛國家主權及人民利益。

　　我政府前於七月二十日發表聲明,勸告日本政府尊重國際信義及條約義務的信誓,並顧及日本本身基本利益,明辨是非,知所抉擇,免為共匪政治陰謀所乘。茲再重申前義,警告日本政府,停止一切損害兩國邦交與危害亞太地區和平安全之行動,以免造成歷史上之重大錯誤。

8月9日　星期三

上午

九時,巡視臺中成功嶺基地,並以「這一代青年的新希望」為題,勉勵參加六十二年度第一期集訓的大專學生,要做國家和時代的主人,經得起錘煉考驗,不為環境所奴役,發揮潛能,塑造堅強的一代。

中午

與參加集訓大專學生共進午餐。

這一代青年的新希望

親愛的青年朋友們！民國六十二年度的第一期暑期
訓練，很快就要結束了，我相信大家一定都感覺到有了
豐盛的收穫，慶幸這一段光陰沒有虛度，汗也沒有白
流，因為在這裡不止是學到了戰鬥的技能，鍛鍊了自己
的體魄，也認識了什麼是團隊精神，特別是認識了當前
的革命形勢，確立了自己對國家對民族的責任感和自信
心。所以成功嶺這一段戰鬥訓練，不僅是每一個人將永
懷不忘的生活紀錄，實在這就正是大家又一個新的人生
奮鬥的開始！

大家都知道，青年這一階段，是所謂人生的黃金時
代。這所謂黃金時代，並不是要你去編織一場美麗的夢
境，或者去設想一些不切實際的憧憬，而是要你能像黃
金一樣經得起熔鑄錘煉的考驗，歷史上成大功立大業的
人物，就都是以他自己的智慧、膽識、能力、品格、鮮
血，來塑造他自己的面目，創造他那一時代的歷史。

大家也知道，今天我們正是處於一個非常的時代，
國際間思想的混亂，觀念的模糊，以至於是非敵友的糾
纏不清，已經到了使人怵目驚心的程度；但是值得我們
慶幸的，我們在偉大總統的英明領導之下，雖然處在這
混沌迷離的濁流之中，我們始終都能保持著思想精誠，
反共立場堅定，也始終站在自由、民主、正義的一邊，
絕不因為艱困而搖撼。但這個盈而不竭的持續的力量，

就在於今天的青年朋友的身上──在於你們黃金年代的青年的身上。所以你們必須以自己的理想、智慧、勇氣，以及熾熱的責任感，來發揮自己的潛能活力，來塑造自己成為中華民族在艱苦中茁壯的一代。

當然，這個道理大家都明白的，但是這個方向，這個時代，卻是要靠我們的剛強堅毅才能把握得住。因為當面的敵人要千方百計的打擊我們，時代的逆流也正在此仆彼起的困擾我們，社會的物慾會來引誘我們，一些不合理的現實也可能迷失我們，今天所當堅持奮鬥的原則，那就是要作國家和時代的主人，決不作罪惡和逆流的奴隸，也就是決不作國際環境愚昧的奴隸。總統曾經昭示過：「革命青年的奮鬥，是鐵血光熱的奮鬥。亦就是自由正義的奮鬥！鐵血是不可抗禦的，而秉持著自由正義的和血的奮鬥，更是當之者必敗，而逆之者必亡」，這就是我們「要作國家的主人，而不為環境的奴隸」鐵血光熱奮鬥的道理的根據！

青年朋友們！眼看著橫在大家面前的，將是無數嚴格的痛苦的考驗，但是只要如西諺所說的：「當你走到陡峭險峻生活路途上時，要保持自己的思想與心靈的平坦」，你能以無畏的、清明的心志，通過這些考驗，那就是踏上了勝利的成功的大道，否則那就處處都是荊天棘地。所以此後青年的努力方向，就是戰鬥！為了不作奴隸而戰！為了克服危機和擊敗敵人而戰！！青年共同爭取的目標，就是反共復國的偉大勝利！不是儻來的勝利，而是曾經不惜付出一切代價所得來的永恆的勝利。

青年朋友們！松柏凌霜雪而彌勁，人生亦必歷經艱

難險阻而愈益堅強奮起；只有在風雨中成長的，才能挺
立於風雨之中，只有在大時代中「寧赴一戰，不受奴
役」的人，才能作時代的主人。

今天我來成功嶺，看望大家，從大家整齊的步伐
上，從大家奮發的團隊精神上，也從大家微笑而堅定的
面容上，看到了黃金時代的中國青年的志氣和決心，也
更體會到我們總統的革命精神和志事，已經融注在我
們中國青年的身上，這就是我們國家民族光芒萬丈的
新希望！

8月10日　星期四
上午

九時，主持行政院院會。

十一時，接見美軍協防部新舊任參謀長白樂思及陶格思。

十一時三十分，訪晤中央黨部張秘書長寶樹。

8月11日　星期五
上午

八時二十分，至考試院祝賀孫科院長連任。

九時，訪晤國立政治大學校長劉季洪。

十時四十五分，拜會嚴副總統。

8月12日　星期六
上午

八時三十分，接見日本眾議員山中貞則。

十時起，分別接見政大政治研究所主任江炳倫、臺大政

治系教授張劍寒、新光紡織公司董事長吳火獅。

8月13日　星期日
【無記載】

8月14日　星期一
上午

八時三十分，接見日本參議員玉置和郎及楠正俊。

下午

七時三十分，參加第一屆海外學人國家建設研究會歡迎
茶會。

8月15日　星期二
上午

九時三十分，在第一屆海外學人國家建設研究會開幕禮
中致詞，期勉海外學人各盡所學貢獻國家，高舉青天白
日國旗，為三民主義而奮鬥。

下午

四時三十分，接見美國國防部副助理部長塞爾敦。
六時三十分，參加韓國國慶酒會。

8月16日　星期三
上午

九時，出席中常會。

下午

三時，主持經濟合作委員會委員會議，提示：

我們的經建工作，要在既有的基礎上，以自立更生的精
神，擴大農工商業投資，繼續推行經濟發展計劃，力謀
經濟之繼續成長，接受任何外來的挑戰，克服國際政治
上一切困難，為國家打開一條光明的前途。

8月17日　星期四

上午

七時十分，至臺北市警察局巡視防颱指揮中心。

八時，主持行政院政治小組會議。

十時，主持行政院院會，提示：

省、市政府對貝蒂颱風所造成之災害，要迅採緊急有效
措施，從事災後的整理復建工作，軍方並應全力配合救
助。另對可能接踵而來的颱風，提高警覺，充分準備，
以期儘量減少損害。

下午

四時十分，巡視臺北縣政府，垂詢因貝蒂颱風所造成之
淹水情形，指示應盡一切力量，搶救災民，並在水退
後，注意垃圾清理及全面消毒工作。

五時〇五分，參加加彭國慶酒會。

8月18日　星期五

上午

六時四十分，在政治作戰學校與陸海空三軍官校暨政治

作戰學校應屆畢業學生共進早餐。

八時三十分，主持內政、司法座談。

十時，接見日本三菱株式會社社長河野文彥。

下午

五時，接見日本作家及政治評論家小谷秀二郎。

七時，參加嚴副總統歡迎參加國家建設研究會海外學人之晚宴。

8 月 19 日　星期六
上午

八時，以早餐款待韓國交通部長官金信。

8 月 20 日　星期日
【無記載】

8 月 21 日　星期一
上午

九時三十分，接見菲律賓駐華大使雅默士。

十時，至三重警察分局聽取貝蒂颱風災情簡報。

十時四十五分，巡視三重、蘆洲、五股等鄉市颱風災害情形，並慰問災民。

8 月 22 日　星期二
上午

十時，在政治作戰學校主持陸海空三軍官校暨政治作戰

學校學生聯合畢業典禮，勉勵畢業學生，要有甘願犧牲
的決心和保持堅定不移的信心，來擔任反共復國的任
務，不怕任何艱險，消滅共匪偽政權，重建三民主義的
新中國。同時希望應邀觀禮的亞洲青年育樂營各國青年
代表們，轉告他們的國人，只有反共才有出路，只有反
共才有生路，只有反共亞洲人民才能得到自由與和平。

下午

四時，接見駐菲律賓大使劉鍇。

五時，接見美國前駐華大使莊萊德。

五時三十分，接見法國財政部辦公廳主任夏波。

8月23日　星期三

上午

九時，出席中常會。

8月24日　星期四

上午

九時，主持行政院院會，提示：

一、從速有效籌商解決三重、蘆洲、五股等地的水患
　　問題。

二、立即擬訂農村經濟建設全面改革方案，以改善農民
　　生活。

下午

二時，在第一屆海外學人國家建設研究會綜合座談會上

致詞，指出海內外同胞兩大共同的認識是：我們為何而奮鬥？是為救自己的國家而奮鬥；我們為誰而奮鬥？是為大陸上千千萬萬苦難的同胞而奮鬥。今天共產主義已是回光返照，期勉海外學人，要愛自己的中華民國，要與中華民國在一起，這一股力量，一定使收復大陸勝利成功。

8 月 25 日　星期五
上午

八時，聽取國家科學委員會簡報。

八時三十分，主持教育文化第三次座談。

中午

十二時二十五分，參加烏拉圭國慶酒會。

8 月 26 日　星期六
上午

八時三十分，主持財經交通座談。

十一時三十分，接見韓國無任所長官李秉禧。

下午

五時四十分，拜會嚴副總統。

8 月 27 日　星期日
【無記載】

8月28日　星期一
上午

十時，接見日本參議員長谷川仁。

8月29日　星期二
上午

九時，至臺北市立殯儀館弔祭趙自齊之母宋太夫人之喪。

十時，主持特種黨部代表大會開幕典禮。

8月30日　星期三
上午

八時三十分，主持主計擴大會報。

8月31日　星期四
上午

八時四十五分，主持行政院慶生會。

九時，主持行政院院會，提示：

經濟部應即會同有關機關，分別就物價上漲的經濟與人為因素，立刻採取有效穩定措施，以安定國民生活。

下午

五時十分，主持特種黨部代表大會閉幕典禮。

9月1日　星期五
【無記載】

9月2日　星期六
上午

十時二十分，拜會嚴副總統。

9月3日　星期日
上午

十時，參加秋祭。

9月4日　星期一
上午

八時三十分起，分別接見輔仁大學校長于斌、中國廣播公司新任董事長馬樹禮、立法委員謝仁釗。

9月5日　星期二
【無記載】

9月6日　星期三
上午

九時，出席中常會。

下午

三時，主持經濟合作委員會委員會議。

五時，接見荷蘭飛利浦公司總經理雷斯迪克等。

9月7日　星期四

上午

八時三十分，接見榮獲世界冠軍凱歸的中華美和青少棒
隊及臺北少棒隊全體隊職員，勉勵小國手們在學業上、
品德上及體魄上不斷努力礪練，以獲致更大的成就；並
贈送每位小國手福鹿牌自行車一輛。

九時，主持行政院院會。

中午

十二時三十分，參加巴西國慶酒會。

9月8日　星期五

上午

八時三十分，接見美國駐華大使館經濟參事莫偉禮。

十時，主持國防會談。

下午

四時，接見美國第十三航空軍司令莫爾中將。

9月9日至10日　星期六至日

【無記載】

9月11日　星期一

上午

七時二十五分，巡視中興山莊黨務工作會議。

9 月 12 日　星期二
【無記載】

9 月 13 日　星期三
上午

八時三十分，接見印尼總統經濟助理馬達尼。

九時，出席中常會。

9 月 14 日　星期四
上午

九時，主持行政院院會，並作了以下的重要表示：

反對日匪勾搭，我立場決不改變；政府審慎籌劃，已制定因應步驟。勉勵全國軍民，堅強團結，奮鬥到底。

十時三十分，聽取經濟部臺灣造船廠簡報。

行政院第1290次院會重要表示

政府依照國際間交往慣例，已同意日本政府派遣椎名悅三郎特使來華訪問，同時已向日本政府嚴正表示，日本政府與共匪進行所謂「關係正常化」，我政府堅決反對，此一立場在任何情況之下決不改變。我政府首長與日本政府特使會談時，自將在此一堅定而嚴正的立場上進行。我政府絕不因同意日本政府派特使來訪，而改變我國的既定政策。

我們政府經過審慎周密的籌劃，已制訂了妥適的因應計劃和步驟，只要我們本著「國家第一」的最高原則，依照既定的政策去執行，相信必可突破難關。當前

最需要的是全國軍民在總統的領導之下，更緊密、更堅強的團結起來，勇往直前，奮鬥到底。最近兩個月來，全國同胞無分海內海外，已充份表現出共赴國難的偉大精神，也充份表達了對政府政策的支持。我們身負國家重任的政府官員，更當凜於責任的艱鉅，黽勉以赴，一心一德，發憤圖強，俾能無負於同胞們的期望。

在國難方殷的時候，我們英勇的三軍將士應隨時隨地提高警覺，堅守崗位，加強戰備，達成鞏固國防，保障安全的重大任務，以求反共復國的勝利。

希望教育界和青年學生們都能相信我政府決不會辜負大家的期望，一切政策將以「國家的利益」為最高要求，讓大家和政府緊緊的結合在一起，為國家的總目標而共同奮鬥。

經濟發展是我們的重要力量，今天我全國工商界更應團結一致，埋頭努力，完成預定的經濟建設計劃；政府亦必將盡一切力量來保障工商業的發展，使其更能自立自強迅速進步。

相信全體海外僑胞際此時會，必將更緊密的團結在一起，發揮更大的反共力量，予政府以最大的支援。

臺灣省政府、福建省政府和臺北市政府及各級地方政府，要以精誠團結的精神，號召全體民眾，萬眾一心，自強不息，在各部門求得更大的進步和成功。

當前的局勢雖然嚴重，只要我們全國團結一致，一切困難，一切問題，必能迎刃而解。過去的二十多年，我們遭遇了許多次的拂逆險阻，但在總統的領導之下，我們仍然堅強的屹立不移。有勇氣的人永不驚慌，有信

心的人永不憂慮。只要我們有勇氣，有信心，任何橫亘
我們面前的困難，一定會被我們克服！

9 月 15 日　星期五
上午
十時，接見美軍協防司令包柏格中將，並代表政府贈勳。
十時五十分，拜會嚴副總統。

下午
七時，參加瓜地馬拉、哥斯達黎加聯合國慶酒會。

9 月 16 日　星期六
上午
十時，接見日本參議員長谷川仁。

9 月 17 日　星期日
【無記載】

9 月 18 日　星期一
上午
九時，接見國立清華大學校長徐賢修及農復會秘書長李
崇道等。

9 月 19 日　星期二
上午
九時，接見日本特使椎名悅三郎，鄭重警告日本，日如

片面毀棄和約，我有採取行動權利。

十一時三十分，拜會嚴副總統。

對日本特使椎名悅三郎談話

　　現在中日間的一切關係，是以民國四十一年在臺北所簽訂的中日和約為依據。這個和約是日本軍閥發動侵華戰爭失敗的結果，也是中日兩大民族棄嫌修好的憑證。今後中日關係的繼續維繫，必須以這個和約為基礎。如果日本現政府要破壞此一基礎，則中日兩國間以及亞太地區由此所發生的任何不幸後果，自應由日本現政府完全負其責任。

　　中共匪幫之所以能夠擴大叛亂，盤據大陸，陷我七億同胞於水深火熱之中，實完全導源於上述日本軍閥所發動的侵華戰爭。今天，如果日本現政府背信忘義，竟與中共匪幫相勾結，助桀為虐，使我大陸七億同胞的苦難為之延長，實等於再度與全中國人民為敵，絕非我政府與人民所能容忍。

　　我對剷除中共叛亂集團與恢復大陸同胞自由，乃是一種不容他人剝奪的天賦權利與自己決不推卸的神聖責任，在任何情況之下，我必奮鬥到底，絕不動搖妥協，並且深信我們的奮鬥，最後一定底於成功。同時，也必須我們的奮鬥得到成功，然後亞洲和日本才有光明的前途。

　　日本政府必須重視中日和約的尊嚴與保持日本的國際信用，不得片面毀棄這個和約以及損害由和約而產生的兩國關係，如果日本現政府不顧此事之嚴重性而一意

孤行，則我們為了拯救大陸同胞與維護亞洲的安全和平，自有保留採取任何必要行動的權利。

日本現政府與中共勾結，乃關乎日本國運與整個亞洲前途的大問題，希望日本的政治家將眼光放遠放大，從長程觀點，明辨敵友、利害，千萬不可蹈過去發動侵華戰爭的日本軍閥之覆轍，又鑄成歷史性的錯誤，再度傷害中國人民，並陷日本民族本身於另一劫運。

9 月 20 日　星期三
上午

八時三十分，接見韓國漢城市市長梁鐸植。

九時，出席中常會。

9 月 21 日　星期四
上午

八時三十分，接見泰國陸軍副總司令乃吉上將。

九時，主持行政院院會。

9 月 22 日　星期五
上午

十時二十分，訪晤張秘書長寶樹。

9 月 23 日　星期六
上午

十一時三十五分，拜會嚴副總統。

9 月 24 日　星期日

【無記載】

9 月 25 日　星期一

下午

二時四十分，出席中常會。

七時，參加美軍新任協防司令貝善誼中將歡迎酒會。

9 月 26 日　星期二

上午

接見旅港國民大會代表張發奎。

9 月 27 日　星期三

上午

九時三十分，在臺中成功嶺基地聽取大專學生集訓簡報。

十時，主持六十二年度第二梯次暑期集訓大專學生結訓典禮，以「步步求生，著著取勝」為題，勉勵學生們用熱血來保衛祖國，以毅力來承擔時代責任。

典禮後，並接見參加集訓之清寒學生，予以慰勉。

中午

十二時，在臺灣省政府主席官舍與主席謝東閔共進午餐。

十二時三十分，主持農業問題座談會，在會中宣布：

行政院決定在最近兩年內，撥出新臺幣二十億元，積極推動各項加速農村建設的工作；並提出政府對加強農村建設的重要新措施。

下午

三時，巡視草屯鎮農會。

五時，主持行政院院會。

步步求生，著著取勝

親愛的青年朋友們：

在過去十四年當中，我每年都有一次或兩次機會，來到這裡跟青年朋友們講話，雖然我們國家的處境，每年都有不同的際遇，但是，國家奮鬥的目標和對青年的期望，以及青年對國家所負的責任，都始終沒有兩樣！

過去這許多年來，我們復興基地的建設，經過全國軍民，在總統的領導之下胼手胝足，勤奮的耕耘，不斷的努力，已經奠定了堅固的基礎。在這段期間，雖因為整個世局有了不斷的變遷，我們的國家，也不斷遭遇到困難；但是，以我們過去的革命經歷，越是當我們處於險惡的環境，我們國內和海外的全體同胞，也越能團結，越能迎著險惡的環境而英勇奮鬥。尤其是青年朋友們，一向都能本著愛國的熱誠，無畏的銳氣，站在反共革命的前哨，為國家盡最高的貢獻。因此，不論環境如何險惡，我們舉國上下一致堅信：沒有抵擋不住的逆流，沒有承受不了的苦難，只要大家咬緊牙關，挺起胸膛，熬過這段艱苦歲月，明天就是一片光明！

許多年來，我們用以勉勵青年的有兩句名言：那就是「養天地正氣，法古今完人」。在古往今來聖賢豪傑當中，像我們總統那樣，畢生為主義奮鬥，為革命努力，從不怕難，從不灰心，從不氣餒的偉大表現，就正

是我們所當學習取法的革命典型。

半個世紀以來，總統繼承國父遺志，領導國民革命，所以能夠成大功立大業，就是因為總統有刻苦耐勞、冒險犯難、忍辱負重和仁愛寬厚的精神；而這些條件，正是每一位熱愛國家、熱衷革命的青年所必須砥礪的精神修養。

我們知道：刻苦耐勞的精神，表現在戰鬥上就是堅持到底，表現在心性上就是堅忍不拔；冒險犯難的精神，表現在志節上就是不為威武所屈，表現在行動上就是不為艱難所移；忍辱負重的精神，表現在治事上就是不因誣陷氣餒，表現在氣質上就是能夠勞怨不辭；仁愛寬厚的精神，表現在工作上就是要同情和幫助窮苦的人們。青年們承擔國家興亡的重責，必須學習這種精神，作為立身處世的準則，方能建功立業，精進不已，也一定都能無往不利，無限遠大。

其次，我想告訴青年朋友們的，就是我們對國家的前途，對革命的開展，一定要有堅定不移的信心。總統曾經說過：「自信，原是民族復興的基礎」。今天不管別人對我們作何估量，我們自己一定要有必勝必成的信念，而後才能擔當救國大任。

當前我們國家的處境，雖然有很多困難；但是，用長遠的眼光衡量，以歷史的法則推斷，在這場生死存亡的決戰中，我們敢於肯定的指出，我們必能獲得最後的勝利。因為我們握有邁向成功和擁有克敵制勝的重要憑藉，那就是：

──總統英明的領導；

——三民主義的崇高理想；

——復興基地一千五百萬軍民的團結奮鬥；

——海外一千八百萬僑胞的愛國向心；

——大陸上七億苦難同胞的反共抗暴力量；

——堅強壯大的國軍與有組織、有訓練的一百八十萬
　的後備軍人；

——經濟建設的雄厚基礎；

——欣欣向榮的自由安全社會；

——勤奮敬業的全體國民與振作有為的革命青年。

　　這許多條件，構成了我們壯大無比的反共力量，也
註定了我們必能扭轉情勢，戰勝敵人，完成革命復國的
神聖大業！

　　各位青年朋友：今天日本政府正在匪區與共匪勾
結，田中在毛酋周匪的擺佈之下，他必然會從匪區帶回
來一隻葬送日本和危害亞洲的惡狼，而今後日本的命
運，也必將被赤化而敗亡。

　　我願在此告訴大家，我們國家的命運，是操之在我
們自己手中，無論世局如何乖張，情勢如何變化，我們
必將堅持走我們自己的路，我們的路，是在總統領導之
下，不計危險，不計艱難，貫徹反共到底，光復大陸，
消滅匪偽的基本國策！

　　我們深知，在詭譎多變的大形勢中，要凝聚青年人
的活力和智慧，發揚革新動員戰鬥的精神，來培養深厚
的國力和強固的戰力。

　　最近有許多青年朋友寫信給我，提供許多可貴的意
見，希望政府能以「大刀闊斧」、「雷厲風行」的作

法，來改革政治，重創國家機運。大家這樣關心國家政
事，足以反映這一代的中國青年，對國家前途都有強烈
的責任感。不過，在千頭萬緒的政事當中，有的雖然可
以用大刀闊斧的手段去處理，有的卻只能用密針細縷的
工夫去改進。有的可以雷厲風行，立竿見影，有的卻是
必須默默耕耘，作長期無聲無息的努力，絕不可強求急
切近效。所以我們曾提出「平凡」、「平實」、「平
淡」與各級行政人員共勉。今天我們須再度指出：我們
求治圖強的心情雖然十分迫切，卻決不可為博取虛譽而
造成社會的驚擾。我們應當為國家負起全責來，共同為
國家久遠的利益奮鬥到底！

　　愈是在我們處於患難的時候，共匪愈要千方百計的
想從心理上來解除我們的精神武裝；所以在此生死存亡
的重要關頭，更要力求鎮定，力求振作，更要抱定死裡
求生的決心，為求國家的生存、歷史的延續，來擊敗
魔鬼的挑戰。這也正是總統昭示我們的：「愈處逆境，
意志愈不動搖，決心愈為堅定」，和「愈在危急存亡之
秋，愈要沉著慎重，方能克服危難，獲得最後勝利！」

　　政府播遷來臺已二十多年，過去這段歷史，已顯示
出復興基地的青年，不是埋頭沙中、畏視現實的鴕鳥，
而是抬頭挺胸、沉著奮鬥的鬥士。在我們推動國家建
設、厚植反攻戰力的奮鬥過程中，青年朋友一直是開路
先鋒，建設骨幹，為國家貢獻了無可估量的智慧與力
量。今天，我們國家再次遭逢苦難的煎熬，更需要青年
朋友用熱血來保衛自己的祖國，用毅力來承擔時代的責
任。當然，救國的壯舉，必需具有志氣而不用意氣，要

表現出「寧靜中有熱忱，穩健中能振作」的氣度，既不輕易決定一個問題，也不輕率採取一個行動，而是要以莊敬自強的精神，穩健踏實的行動，在坎坷不平的生命道路上，步步求生，著著取勝。

各位青年朋友：一部國民革命的歷史，原就是一部以青年為中堅，為主流的奮鬥紀錄。今天形勢有待我們突破，時代有待我們創造，國家有待我們復興；人生之中如果沒有痛苦和黑暗的一面，人生亦就無所謂快樂和光明了。我們的苦痛會給予我們以新生的活力與經驗，將使我們多難的國家民族克服當前的一切艱險，必能達到勝利的終點。希望各位青年朋友從今天開始，從現在開始，就立定志向，下定決心，確定目標，以繼往開來的胸襟，旋乾轉坤的氣魄，一齊奮起，走向創造時代、復興國家的光明大道，貫徹反共革命勝利的全程！

願各位樂觀堅強！祝各位健康愉快！

農業問題座談會宣布全文

農業是我們經濟發展的重要環節，也是社會安定的基礎。近年來國內的工業成長快速，固然值得欣慰，但相對比較之下，農業生產利潤微薄，農業成長弛緩，顯示了農民所得偏低，實不容我們忽視；政府為促進今後農業發展，加速農村建設，除繼續推行既定各項農業生產改進方案外，決採下列措施：

一、廢除肥料換穀制度：

原由政府配銷農民的化學肥料，全部貸放，農民於作物收穫後，可用現金償還，也可用稻穀折價償還，任

憑自由選擇。改進隨賦徵購辦法，改按市價收購，並為
穩定穀價水準，由政府調節市場稻米供需，尤其當穀價
過低時，應按合理價格收購。

二、取消田賦附徵教育費，以減輕農民負擔。

三、放寬農貸條件，便利農村資金融通：

（一）對以現代化方式經營的農戶所需農貸，由農貸
行庫會同農會辦理聯合專案生產貸款，免受一
般性信用放款最高限額的限制。

（二）對計劃發展中貧困地區所需的農貸，辦理農業
專業區信用貸款。

（三）加強農會信用部功能，便利農民資金融通。

四、改革農產運銷制度：

（一）加強農會辦理共同運銷：

（1）配合臺灣北區全面實施電宰業務，有關各
級農會限期辦理毛豬共同運銷。

（2）輔導重要蔬菜產地的農民組織，實施蔬菜
分級、包裝及共同運銷。

（二）改進臺北市果菜批發市場營運：

（1）限期完成東園街底興建現代化蔬菜批發市
場，改進市場設備，並建立健全的交易承
銷制度。

（2）分期興建零售市場，改善攤位設備，並加
強商販管理。

五、加強農村公共投資：

（一）積極興修區域性的排水、堤防、防風林，以及灌
溉等改善工程，並以濱海及貧困地區為優先。

（二）配合山坡地開發，加強交通運輸與產業道路的
　　　修建。

（三）興建鄉村簡易自來水設施，以及改善鄉鎮環境
　　　衛生。

六、加速推廣綜合技術栽培：

（一）優先辦理水稻及其他糧食作物，改進生產技
　　　術，提高單位面積產量，擴大推廣面積，並加
　　　強收穫、乾燥與倉儲等設備。

（二）加速推行農業機械化，除加強辦理農機低利貸
　　　款外，並積極輔導小農實施共同作業，發動公
　　　營機構及獎助民間組織辦理農機代耕、租用及
　　　分期付款業務。

七、倡設農業生產專業區：

　　依作物分佈、地理環境條件及市場需要，分設各類
專業區；各區內除配合農業機械外，並應加強辦理公共
設施如土地重劃、水利興設、產品分級處理及倉儲運銷
設備等。專業區的類別如次：

（一）雜糧作物生產區——主要為推廣飼料作物如玉
　　　米、高粱的增產，並施行保證價格收購。

（二）特用外銷作物生產區——主要作物如洋菇、蘆
　　　筍、鳳梨、香蕉、柑桔、葡萄、茶葉、蠶絲及
　　　重要蔬菜等，採行契約計劃生產，提高品質、
　　　加強檢驗，並鼓勵統一聯營外銷，以增強對外
　　　競爭力量。

（三）農牧綜合經營區——以養豬、乳牛、肉用牛、
　　　家禽或養殖魚類等，配合農業生產，在山坡地

及濱海地區優先辦理。

八、加強農業試驗研究與推廣工作：

（一）充實試驗研究人員與設備，並加強經費的統籌
　　　運用。

（二）強化試驗研究與推廣機構的組織，分工合作，
　　　密切聯繫，避免重複與脫節。

（三）寬列推廣經費，補助農會，增強基層推廣工作。

九、鼓勵農村地區設立工廠：

　　凡新設農產加工及需大量勞力的工廠，儘量鼓勵在
原料供應方便及勞力充裕的農村地區設立。增加農民兼
業機會，提高農民所得。

　　行政院為迅速推行上述措施，準備在最近兩年內撥
出新臺幣二十億元的經費，來支援經濟部、省政府、農
復會和其他有關機關。希望中央及地方有關單位立即研
訂執行計劃，凡能立即實施的即刻付諸實施，至遲自
明年一月起要全部積極進行。「加速農村建設」是今後
政府最重要優先的工作之一。可是這個工作範圍牽涉甚
廣，問題也極複雜困難，要想使這個工作能做得成功，
必須全面推動。我今天除了希望全國政府機構、學術團
體及事業單位一致全力配合推動之外，更希望全國的工
商企業也能貢獻你們的人力和資金來協助農民降低運銷
成本，製造更好的農產加工品，拓展更多的國外市場，
以增加農民收益與福利。

　　最後，我要向全省農民說幾句話：

　　你們在過去二十多年內，對國家經濟建設所作極大
的貢獻，已受到全國同胞至高的尊敬。由於你們的貢

獻，使國家的經濟在鞏固和穩定的基礎上，能迅速的成長發展。現在因為國家工業化的結果，使農業遭遇了若干困難，雖然這也許是經濟發展過程中難免的現象，但政府必須負起責任來解決困難，來改善你們的工作和生活條件，所以決定加速進行農村建設，並要動員全國政府機構和民眾的力量，幫助推行這一新的運動。可是跟這一運動關係最密切的是全體農友，因此這一運動的成功和失敗，也要有賴於你們全體農友自動自發的來參加這一加速農村建設的運動。所以我希望各位不僅要繼續保持過去的辛勤耐勞；更要努力的來學習採用新的生產技術與經營觀念；要認真的實行節約儲蓄來充裕生產資金；要發揮團體合作的精神來健全你們自己的各種農業組織；要積極的參加勞動服務來改善你們自己的農村環境。我相信，只要大家萬眾一心，堅定意志，加倍努力，我們這一次的農村建設運動，一定會像以前土地改革一樣的圓滿成功，並為未來復國建國樹立楷模。

9 月 28 日　星期四

上午

十時，出席中樞紀念國父月會。

中午

十二時三十分，參加總統夫人款待全國資深教授、教師午宴。

9月29日　星期五

上午

九時，列席立法院會議，提出口頭施政報告，鄭重表明
我們堅守不變的四項原則：

一、中華民國憲法所制定的國體，決不改變！

二、中華民國反共復國的總目標，決不改變！

三、中華民國永遠站在民主陣營的一邊，為伸張正義公
　　理、維護世界和平的職志，決不改變！

四、中華民國對於共匪叛亂集團絕不妥協的堅定立場，
　　決不改變！

中午

十二時十分，訪晤黃秘書長少谷。

下午

三時，列席立法院會議答覆質詢時指出：今後我們的經
濟發展，將基於國家利益，尋求獨立發展，逐步擺脫對
外的依存性。

施政報告

主席、各位委員先生：

　　今天貴院舉行第五十會期的第一次會議，距離上次
經國前來貴院作施政方針報告，相隔三個半月，今天再
有機會列席報告施政，至感榮幸，敬請各位委員先生多
賜指教。

　　在這三個多月當中，我們所看到的國際形勢，仍然

是一個動盪多變，而且更加佈滿著乖謬詭戾的混沌局面，也正給我們更大的試煉。面對世事的艱險，貴院各位委員先生，忠勤謀國，讜言國是，不時給政府提供寶貴的意見，使我們的施政多有所循，深為感佩。

誠然，今天我們國家處境正臨緊要關頭，不過國家的命運，操在我們自己的手中，只要我們堅定信念，努力奮鬥，必能克服任何困難，衝破任何危險，爭得反共復國的最後勝利。

今天我們自身擁有的強固力量，無論對亞洲，乃至對整個自由世界的安危，都具有決定性的影響。正因為我們居於一個關鍵性的重要地位，所以我們對亞洲、對世界都擔當著「中流砥柱、力挽狂瀾」的任務，我們的這一理想與抱負，無人能使我們改變。

事實證明，二十多年來，共匪雖然竊據大陸，而迄今未能達到它的侵略野心，就是因為我們臺澎金馬反攻基地，處在西太平洋反共防線的中心位置，緊扼著共匪的喉管所致。我們不但擁有保衛這條防線的強大武力，更有主導時代，堅持正義、自由、民主的三民主義，以及欣欣向榮的和平社會，號召著海內海外、敵前敵後億萬中國同胞的向心。這一股奔騰壯大的反共力量，一直壓迫著共匪不敢恣意輕舉妄動，並導致大陸內部不斷的紛爭動亂，毫無疑問的這是多年來能夠維持亞太自由地區安全的主要因素。

我們不難想像，在過去二十多年當中，如果沒有我們中華民國這份貢獻，那麼今天亞洲以及整個自由世界已經是個怎樣的局面？我們可以肯定的說，北起白令海

峽、南迄中國南海的整個西太平洋反共防線早被突破，
亞太地區許多自由國家早被赤化，甚至大洋洲以及太平
洋彼岸的美國，也早受到共黨侵略勢力的直接威脅！今
天這個戰略形勢不僅沒有改變，而且更為顯著，但遺憾
的是自由世界對這形勢的警覺正在鬆懈，有的竟對這一
形勢的認識漸存懷疑，不管他們所持的論點如何，但正
都中了共匪的奸計。因此，我們亟願再次強調，一方面
提醒國際友人，一方面也警惕我們自己加強在此形勢中
所擔當的地位與任務：中華民國臺澎金馬復興基地的存
在，是保障自由亞洲的堡壘；中華民國臺澎金馬復興基
地的安危，可以牽一髮而動全局，直接影響到亞洲乃至
整個世界的安危！

　　至於我們國家的前途，我們毋需計較別人對我們作
何估量，我們的心中，依然是充滿了信心與希望。因為
看問題、看環境、看發展，不能單看眼前，單看局部，
一定要從遠處、大處、高處三方面同時著眼。

　　從遠處看，我們捍衛自由、維護民主的反共鬥爭，
一定會成功！

　　從大處看，我們為弔民伐罪，除暴弭禍所從事的反
共義戰一定會勝利！

　　從高處看，我們為弘揚三民主義，維護世界和平所
作的奮鬥，更必然會成功！

　　由於當前世局的多變，因之一般國人多有「求變」
的心理，希望政府以變應變，甚至許多國際友人也盼望
我們有所轉變。不錯，政府在各種施政上，針對主客觀
環境的變動，已經隨時斟酌輕重緩急，採取各項因應的

行動。但是，我們縱然通權達變，而在「通權」之中，決不離開「守經」的原則，也就是在「達變」之中，仍有「不變」的基本原則。這不變的原則，也就是要牢牢把握我們反共復國的基本國策。今天經國要向貴院、同時也向全體海內外同胞，以及國際間的所有人士嚴肅的表明，我們堅守的不變原則是：

—— 中華民國憲法所制定的國體決不改變！

—— 中華民國反共復國的總目標決不改變！

—— 中華民國永遠站在民主陣營的一邊、為伸張正義公理、維護世界和平的職志決不改變！

—— 中華民國對於共匪叛亂集團絕不妥協的堅定立場決不改變！

因為我們始終堅持不變的基本原則，已經因此而促成了世局的很多變化；但我們也更深信，由於我們志節、立場的堅決不變，必將促成今後世局回向正道的改變，尤將迫使共匪內部永無休止的不斷劇變，使共匪變得比過去任何時期更要混亂，更要分裂，終致完全的崩潰！

對於大陸毛共匪幫，我們自始就已認定，它將永遠是分的、鬥的、亂的。事實上它在國際共黨集團中鬧分裂，在內部派系奪權中搞鬥爭，內外一片混亂，從未一日獲得安定。但給予共匪最大威脅的，則是我們復興基地的屹立如山，人民生活的安和樂利，成了大陸上億萬被奴役、被迫害苦難同胞爭自由、求生存的希望所寄，給他們點燃了反共產、反暴力的聖火明燈。因此，過去這二十多年，大陸抗暴運動的風起雲湧，匪軍匪幹的離

心離德，以及成千成萬義士義胞的奔向自由，都是受到我們三民主義仁政的愛撫與感召，而使共匪陷於寢食難安，惶惶不可終日。所以才對我中華民國採取軍事威脅、政治分化、外交孤立、和經濟打擊，千方百計，妄想消滅我們，然後可以肆無忌憚實施它的奴役暴政。

今天橫現在我們面前的，是一場反共復國的總體決戰。為了我中華民族的生存、文化的延續、國家的尊榮，我們也唯有動員一切力量，匯聚統合戰力，對這叛亂集團徹底進行反擊，展開這場攸關民族存亡的全面總體決戰，制伏敵人，瓦解敵人！

因此，今後我們一切作為，無論在內政、外交、國防、經濟、文教各方面；無論在思想、精神、觀念、行動上；我們都要集中目標，以打勝共匪、贏取這場總體決戰為全國上下共同一致的最高任務。

許多年來，我們在鞏固自身所作的各項努力中，已經付出血汗的代價，也已獲致堅固的成果，但是我們必須加倍的努力，繼續發展，才能保持成果，鞏固反共復國的基地。經國願藉此機會，扼要報告最近政府所採的各項重要措施。

首先在推動政治革新方面，我們的目標，是必須要樹立一個清明良好的政治風氣。

經國在今年六月中對全國各級行政人員提出了十項要求，希望全體行政工作同仁，敦品勵行，埋頭苦幹，為工作貢獻出智慧和才能。我們要求公務人員都能認清國家當前處境，瞭解自身職責，而激發出高度的責任感，強烈的榮譽心，和熾烈的工作熱忱。在生活、操

守、作為、態度各方面，一切都要有新的表現，一切都要以國家利益為前提，一切都要以人民福利為依歸，做到「無官不是公僕」和一個真正「為國效命、為民服務」的政府。

近幾個月來，政府為更進一步貫徹整飭政風、端正官箴的要求，正對貪贓枉法、有瀆職守的公務人員，進行嚴屬的制裁，經國丕願強調，國家到此重要關頭，我們斷不容許再有任何敗類，來敗壞政治風氣，損害政府威信。因此我們嚴懲貪官污吏，肅清害群之馬的這一行動，一定貫徹到底！

此外，我們在改進行政上也正採取一些必要的措施，如：裁撤駢枝機構，統一事權；加強分層負責，健全功能；簡化公文程式，增進效率；整理法令規章，便利民眾；以及研擬中的調整地方政府組織等，目標都在促使我們的各級行政機構，邁向有效率、負責任、明是非、辨善惡，而成為一個廉能的政府！

其次，經濟建設是與增長國力最具密切關係的一環，我們已連續圓滿地執行了五期的四年經建計劃，也已奠定了國力的深厚基礎。今年是我們推動第五期四年經建計劃的最後一年，上半年內的各項經濟活動，雖然面對著國際政治和經濟變局的雙重衝擊，但因舉國上下振發的自強精神，辛勤不輟，依然保持相當幅度的進展。如與去年同期比較，除了農業生產因天候關係略減約百分之一點一以外，工業成長率為百分之二十七點四，發電量的增加率達到百分之十四點五。對外貿易的總值，截至本年八月底止，根據海關統計共達

三十五億三千七百餘萬美元，與去年同期比較，增長率
高達百分之四十五點八，貿易出超約有二億九千三百餘
萬美元。目前我們的外匯存底，與去年底比較，又增加
了百分之五十。不過物價指數，由於國際匯率的變動，
今年上半年較去年同期躉售物價上漲了百分之四點零
一，消費者物價上漲約百分之四點一一，我們已予密切
注意，並已分別採取了各項防止波動的措施。

在財政金融方面，承貴院的支持，最近通過了修正
海關進口稅則和貨物稅條例，來適應國際經濟的變動和
國內經濟發展的需要。我們也繼續嚴格控制預算的執
行，所以六十一年度的中央政府決算，仍可保持相當數
額的歲計剩餘，並且也沒有辦理追加預算。

鑑於現階段經濟發展的趨勢和所面臨的國際變局，
我們覺得今後的經濟建設，必須針對實際情況，在政策
上決定幾個方向。我們的作法將是：

為促進農業生產的現代化，提高農民所得，政府決
定除了全力推動農業改進方案，積極輔導改進農業生產
技術，增加農作物的產量之外，已開辦農業機械化專案
貸款，並儘量設法減輕農民各項不必要或不合理的負
擔，以提高農民的收益和生產興趣。同時，中央和地方
政府將協同策劃推動一項全面性的農村建設工作，來普
遍改善農民的生活水準。

為繁榮我國經濟，將儘力維持高速的經濟成長率，
所以必須設法更進一步的鼓勵民間投資，協助各重要產
業，發掘問題，解決問題，對於應該優先發展的工業，
由政府在資金方面予以支援，必要時得由政府參加投

資，主動領導促成。

為確保經濟成長，政府於必要時將增加公共投資，促進公共建設，並鼓勵民間住宅的興建。

對於中小企業因受國際局勢變動而遭困難時，政府當在資金、技術及外銷市場方面積極予以支援，使能發展壯大。

積極協助國內工業發展自製機械、電機、電子、汽車零件，以減少對進口的依賴，對於必需進口的零件和重要生產原料，將力求其來源的分散。

全力推展對外貿易，開拓多元國際經濟關係，將積極扶植公民營貿易機構，加強其外銷能力，並協助其建立國際貿易網。

充分掌握民生日用必需品及重要工業生產原料，以保持三個月用量為原則，各廠商為採購所需資金，將由中央銀行協助融通。

我們在社會方面的政策，是要積極的輔助和鼓勵全體國民有理想、有能力去創造發展，使社會持續不停的更新、成長與進步，使國家更臻於富強。

因之，國民智能、技能和體能的不斷培育和發展，實是不可缺的先決條件，而這也是國家民族生生不息的主導力量，所以我們已特別重視各級教育的普及、國民技能的訓練、國民保健工作的加強、和各種公害的防止等，來促進社會的發展和進步。

我們創辦已經四年的九年國民教育，將繼續加強實施，並正確把握實踐倫理、民主、科學的精神與內涵，為國家造就全新的一代。

　　專科職業教育的加強和技藝訓練的推廣，是當前配合經濟建設需要，有效發展人力運用的主要環節，必須積極進行。同樣的，我們推動科學發展計劃的項目，也將以符合當前國家建設需要者為優先，以對國計民生有密切關係者為重點。

　　促進國民健康，提高國民家庭生活水準，並使全體國民都有一個健康的生活環境，是我們既定的目標，現正逐步的切實執行，來保障國民體能都有合理的維護和健全的發展。

　　在國防軍事方面，我們將一本建軍與備戰並重原則，致力於現代化的三軍建設，加強國軍的作戰訓練，以準備任何時間來臨的任何戰鬥，發揮戰無不勝，攻無不克的效果。國軍的人事政策在於要保持部隊的精壯；國軍的情報工作在於控制敵情，偵察並打擊敵人的企圖；國軍的後勤補給已比過去更充實、更靈活，並將更求發展。把握住這些要點，並在軍政與軍令密切配合之下，我們必可確保國軍永遠是支第一流的勁旅，永遠具有最高的充沛戰力，不但能夠承擔鞏固臺澎金馬基地，應付任何世局的變化，也必可完成反攻大陸的革命任務！

　　各位委員先生：鞏固自身，就無懼於外來的一切橫逆。今天，日本政府公然與匪勾搭，這是嚴重妨害中日國交的極不友好行為，我政府已屢次發表嚴正聲明，堅決反對，正式予以譴責，並向日本提出嚴重抗議。我全國軍民、海外僑胞、以及旅外學人學生也都紛紛堅決支持政府的立場，表達出所有熱愛自由、熱愛國家的中國

人民同仇敵愾、一致反共的正義心聲。

我們外交的基本政策，是繼續維持並加強與各國現存的外交關係；至於對與我雖無外交關係而保持友善的國家，我也將積極與其保留各種方式的聯繫；同時再要更進一步在自由世界各地散佈我們友好的種籽，使我們的善意和友誼生根滋長。

自從中日關係惡化以來，我們的對日基本態度是：第一、盡力維持中日兩國的邦交與中日和平條約；第二、一旦日本背信忘義，一意孤行，造成與我們決裂的情勢，我們要日本政府負起斷交的責任，以及由此而產生的任何不幸後果。

基於這樣的態度，經國曾向日本政府所派的椎名特使明白表示：我們中華民國所以要注重中日關係，也是為了要挽救日本被赤化滅亡的危機，要挽救亞洲人民受共黨荼毒的禍患，和挽救我大陸七億同胞長期所受暴政奴役的痛苦。同時經國也曾指出，歷史證明，日本政府與我中華民國為友，日本便能得到安定繁榮；與我為敵，則便遭受破壞毀滅。過去日本與我持續了二十多年的友好關係，因之獲得長期的繁榮與穩定，今後日匪完成勾搭之時，亦就是日本開始崩潰之日。

不管情勢如何變化，我們決定走我們自己的道路，那就是團結在總統領導之下，不計艱難，不計危險，不屈不撓，無畏無懼，繼續堅決貫徹我們反共復國的政策到底。

同時我也警告椎名特使，在此重要關頭，日本務必慎重，切勿引狼入室。當時我們猶且認為日本或有及時

醒悟的可能，不會讓狼入侵。但現在田中終將自北平牽狼到日本，我們相信田中政府必將一失足成千古恨，給日本帶來無窮的禍患。

此刻我要再在這裡特別重申，中共匪幫只是一個奴役人民的殘暴集團，絕對不能代表中國，所有日本政府與中共匪幫在談判中作成的任何協議，都屬非法無效。

我們也要忠告所有自由國家，對於任何足以緩和國際緊張情勢的努力，首應認清緊張情勢的根源是在於共黨勢力的擴張、滲透、顛覆所構成，因之必須同時繼續提高警覺，萬勿一旦鬆懈戒心，或竟於不自覺中放棄戒備，而遭致無可補救的危險。

今天的事態，發展到今天這樣的情形，此後我們唯有認定目標，齊一腳步，作長期的堅忍奮鬥！

此外經國亦願藉此機會堅決表示：我中華民族，堂堂正正，決不可以勢劫利誘，目前的對日問題，正是給我們機會，擺脫任何國家對我經濟上的壟斷或獨占，促使我們摒棄在資金或技術上對外國的過份依賴，因此今天也是我們奠定自立、自強基礎的大好時機。深望我全國同胞，一心一德，為國家尊嚴和民族前途、奮發圖強，也唯有自強方足以圖存。

當前國家的際遇，誠然非常艱苦，但世局風暴，並不是第一次襲擊我們，而歷史證驗，歷次橫逆之來，我們都能愈挫愈堅，愈戰愈勇，而終克扭轉情勢，贏得勝利，證明我中華民族是一個不可輕侮，不可搖撼，永不屈服的民族！

因此，今後不論世局如何乖變，環境如何險惡，國

家的存亡，民族的絕續，主要關鍵，仍在我們自身的努力！為操持國家命運，改造內外情勢，經國認為，今後政府一切措施，必須把握以下四項方向：

一、在內政上，以行政革新為先務，以為民造福為目標，建立廉能和誠實的政府。

二、在外交上，堅守基本國策與反共立場，堅持站在民主集團一邊，本獨立自主與平等互惠的原則，掌握機勢，審慎因應，以謀總體外交的全面開展。

三、在國防上，循現代化建軍路線，充實國軍戰力，強化作戰準備，以鞏固國防，保障安全，擔負起反共復國的神聖任務。

四、在經濟上，以策進農工商業的繁榮發展，與提高國民生活水準為奮鬥目標，本自立自強的精神，達成經濟的加速成長與穩定。

我們預期，從今年起的五年以後，也就是到民國六十五年我們第六期四年經建計劃順利完成的時候，我們的國民生產毛額，將會超過一百億美元，平均每人年所得也將達到五百五十美元。而十年以後，也就是至民國六十九年，我們的國民生產毛額估計將可達到一百八十億美元，平均每人年所得希望可到八百美元的目標，使國民生活普遍提到更高的水準。

這些目標和方向，代表了今後我們國家建設的指針，但這決不是說我們在追求安樂舒適的生活，而是要鞏固基地，厚植國家的潛力，用來消滅共匪，光復大陸，使所有大陸上受苦受難的同胞，和我們一樣的在三民主義旗幟之下，共同享受自由、民主和快樂的生活。

　　經國深信，只要我們能循此目標與方向，在總統英
明領導之下，莊敬自強，努力奮鬥，就必可改變情勢，
獲得勝利，完成我們復國建國的革命大業！

9月30日　星期六
上午

八時四十五分，主持行政院慶生會。

10 月 1 日　星期日
【無記載】

10 月 2 日　星期一
上午

九時，接見新任美軍協防司令貝善誼中將。

十時十五分，訪晤國家建設委員會周主任委員至柔。

下午

四時，以茶會款待立法委員。

10 月 3 日　星期二
上午

九時，列席立法院會議。

下午

三時，列席立法院會議，於答覆立法委員質詢時表示：
政府正採積極步驟，加強維繫與友邦關係；並強調只要
我們勿憂勿懼，自立自強，必能粉碎共匪妄圖孤立我們
的陰謀。

10 月 4 日　星期三
上午

九時，出席中常會。

下午

四時，主持臨時外交座談。

10月5日　星期四
上午

八時三十分，接見烏拉圭聯合參謀長阿瓦瑞斯准將。
九時，主持行政院院會。

下午

五時，接見美國空軍助理部長謝德勒。

10月6日　星期五
上午

九時，列席立法院會議。

下午

三時，列席立法院會議，於答覆立法委員質詢時表示：
中日斷交後，政府對於維護在日本我國僑民、僑校權
益，已採取有效措施；同時將繼續改善國內投資環境，
促使更多華僑返國參加經濟建設，在貿易上給予僑胞更
多便利，以期達到經濟自立的目標。並號召全世界華僑
與我臺澎金馬反攻基地軍民以及大陸上的抗暴力量相結
合，共同來推翻共匪偽政權。

10 月 7 日　星期六
上午

八時，以早餐款待韓國民主共和黨事務總長吉典植。

十時，主持國防會談。

10 月 8 日　星期日
【無記載】

10 月 9 日　星期一
上午

八時三十分，接見泰國國防部副部長布薩克上將。

九時，接見高棉副參謀總長方蒙少將。

10 月 10 日　星期二
上午

七時三十分，以早餐款待旅港國民大會代表張發奎。

九時，參加國慶大會。

十時，出席中樞國慶紀念典禮。

下午

五時三十分，至圓山飯店拜會西薩摩亞總理戴瑪賽賽。

五時五十分，參加國慶酒會。

10 月 11 日　星期三
上午

八時三十分，接見巴西參謀總長康道上將。

九時，出席中常會。

下午

三時，主持經濟合作委員會委員會議，提示：

一、對加強農村建設的九項措施，經濟部應負責統籌責
　　任，協調各有關機關，擬具進一步執行計劃之具體
　　方案。

二、盼各部會首長經常與工商界人士交換意見。

10 月 12 日　星期四

上午

九時，主持行政院院會。

十一時，聽取美國陸軍技術團匪情簡報。

下午

三時十五分，參加總統夫人招待海外回國僑胞茶會。

10 月 13 日　星期五

上午

九時，主持經濟座談。

下午

五時，約美國駐華大使馬康衛茶敘。

10 月 14 日　星期六
上午

九時，接見薩爾瓦多前總統桑傑士並接受贈勳。

九時四十五分，接見反共義士代表劉志誠等五人。

十時，接見蒙胞旅美代表色德巴夫婦暨蒙胞旅法代表丹僧。

十時四十五分，接見龍岡親義總會各國代表十人。

下午

五時三十分，訪晤駐越南大使胡璉。

10 月 15 日　星期日
【無記載】

10 月 16 日　星期一
上午

九時，參加美國工業展覽會開幕典禮。

下午

三時，參加中央評議委員會議。

七時，參加嚴副總統歡迎甘比亞總統賈瓦拉之晚宴。

10 月 17 日　星期二
【無記載】

10月18日　星期三

上午

九時十五分，至圓山飯店拜會甘比亞總統賈瓦拉。

下午

三時，參加黨政關係座談會。

10月19日　星期四

上午

九時，主持行政院院會。

十時三十分，聽取臺灣省縣市組織調整方案簡報。

10月20日　星期五

【無記載】

10月21日　星期六

上午

八時三十分，接見駐美大使館法律顧問雷格門。

10月22日　星期日

下午

五時三十分，接見美軍太平洋區總司令蓋勒上將。

六時五十分，參加甘比亞總統賈瓦拉答宴。

10 月 23 日　星期一
上午

八時三十分，接見中央黨部秘書長張寶樹、國際關係研究所主任杭立武、東吳大學校長端木愷、中國時報董事長余紀忠等。

十時，接見立法委員胡健中、梁肅戎。

十時三十分，接見美國駐華大使馬康衛。

下午

七時，以晚宴款待美軍太平洋區總司令蓋勒上將。

10 月 24 日　星期二
上午

九時，聽取經濟部簡報，提示：

今後的經濟工作，應作整體性發展，以達成經濟強國目標。

10 月 25 日　星期三
【無記載】

10 月 26 日　星期四
上午

九時，主持行政院院會。

10 月 27 日　星期五

上午

九時，聽取教育部簡報，提示：

教育工作應以國家利益為先，青年前途為重，並應訂定長期而完整之發展計劃。

下午

四時，聽取財政部簡報，提示：

一、要嚴格控制預算，保持收支平衡。

二、銀行業務，應使能配合各階段之經濟建設需要。

三、地方財政，應輔導其開源節流。

10 月 28 日　星期六

上午

十時，主持國防會談。

10 月 29 日　星期日

【無記載】

10 月 30 日　星期一

上午

八時四十五分，主持行政院慶生會。

十時，接見美國駐華大使馬康衛暨美軍協防司令貝善誼。

10 月 31 日　　星期二

上午

十時十五分，主持行政院慶祝總統華誕大會。

十一時，參加海外華僑慶祝總統華誕大會，並致詞表示：僑胞的反共救國決心，就是祝壽的最大壽禮。

下午

接見美國駐華大使馬康衛、副館長來天惠暨美軍協防司令貝善誼。

11月1日　星期三

上午

八時三十分，接見旅港軍校同學回國祝壽代表團汪文彥等十人。

八時四十五分，接見中央評議委員蔡培火、國際關係研究所主任杭立武。

下午

三時四十五分，接見美國駐華大使馬康衛、副館長來天惠暨美軍協防司令貝善誼。

四時三十分，接見三軍大學將官班學員陳守山等六人。

六時三十分，參加越南國慶酒會。

11月2日　星期四

上午

九時，主持行政院院會。

下午

四時十五分，接見旅菲律賓僑領鄭周敏。

四時三十分，接見三軍大學將官班學員范良然等六人。

五時三十分，接見越南燕巢特區創始人阮樂化神父。

11月3日　星期五

上午

九時，聽取外交部簡報。

下午

四時,聽取內政部暨蒙藏委員會簡報。

六時十七分,參加巴拿馬國慶酒會。

11 月 4 日　星期六

上午

九時四十分,巡視金門烈嶼防務,並聽取駐防部隊簡報。

下午

三時,巡視金門金西一帶防務,並垂詢駐軍官兵生活情形。

11 月 5 日　星期日

上午

七時,巡視金門金湖鎮菜市場。

八時二十五分,巡視金門擎天水廠。

九時四十五分,巡視太武山及林務所。

下午

三時四十分,巡視金門金剛坑道及金西防務。

11 月 6 日　星期一

上午

七時二十五分,巡視金門長江發電廠。

七時三十五分,約金門防區旅長以上軍事幹部共進早

餐，並致詞勗勉。

八時三十分，至太武山公墓弔祭陣亡將士。

十時二十五分，轉至澎湖，聽取澎湖防衛部簡報，並巡
視澎湖縣政府、馬公中學、海軍軍區及馬公水庫。

下午

五時，在臺北接見越南特使范林登。

11月7日　星期二

上午

八時，以早餐款待泰國安全事務局諮詢委員會主席馬萊
博士。

十時，聽取司法行政部簡報。

下午

三時十七分，巡視交通部。

四時，聽取交通部簡報。

11月8日　星期三

上午

八時三十分，接見旅英學人許邦友。

十時，接見美國駐華大使馬康衛暨副館長來天惠。

下午

三時，主持經濟合作委員會委員會議，提示：

各有關單位首長，應盡全力推動加速農村經濟建設的各

項措施。

11 月 9 日　星期四
上午

九時，主持行政院院會。

下午

四時三十分，接見三軍大學將官班學員劉定邦等六人。

五時三十分，接見國立清華大學校長徐賢修。

11 月 10 日　星期五
上午

九時，聽取僑務委員會簡報。

11 月 11 日　星期六
上午

八時，約農復會顧問畢凌思、美國駐華大使館經濟參事
莫偉禮共進早餐。

十時，接見全國優秀青年、北區大專績優社團負責同學
暨救國團北區優秀義務工作人員等共三十四人。

11 月 12 日　星期日
上午

九時，拜會嚴副總統。

十時，出席國父誕辰暨文化復興紀念大會。

下午

一時十五分，參觀臺北市運動會，並主持府會接力拔河
比賽頒獎。

七時三十分，參加國際青年商會酒會。

11 月 13 日　星期一

上午

九時，巡視新竹崎頂八號油井並聽取簡報。

十時，巡視新竹頭份乙烯廠並聽取簡報。

中午

十二時十五分，巡視雲林縣麥寮鄉海防部隊、聽取海豐
村農牧漁綜合經營簡報，並訪問農家。

下午

一時四十分，巡視崙背墾區。

11 月 14 日　星期二

上午

九時，聽取人事行政局暨青年輔導會簡報。

下午

四時三十分，接見美國空軍後勤司令卡頓上將。

七時三十分，參加美軍協防司令貝善誼中將晚宴。

11 月 15 日　星期三

上午

八時，聽取經濟部中台化工公司簡報。

九時，出席中常會。

下午

三時三十分，接見國際青年商會各國首席代表。

四時，主持第十屆十大傑出青年頒獎典禮，勉勵青年努力奮鬥，造福社會，共同開創國家的光明前途。

11 月 16 日　星期四

上午

九時，主持行政院院會。

十一時，接見美國參議員助理訪問團九人。

下午

四時，接見葛理翰傳教協會會長葛理翰。

11 月 17 日　星期五

上午

九時，聽取國軍退除役官兵輔導會簡報。

十一時，接見第十二屆企業家特別獎得主李卿雲等六人。

11 月 18 日　星期六

上午

九時，接待前來行政院巡察之監察委員。

11月19日　星期日
【無記載】

11月20日　星期一
上午

九時，聽取新聞局簡報。

十時三十分，聽取國家科學委員會暨原子能委員會簡報。

下午

四時四十分，接見美軍太平洋區陸戰隊司令威爾遜中將。

五時，接見旅秘魯僑領葉炳榮。

11月21日　星期二
上午

八時，主持救國團六十一年專任幹部工作研習會開訓典禮。

九時五十分，巡視金山阿里老核能發電廠並聽取簡報。

下午

四時三十分，聽取衛生署簡報。

11月22日　星期三
上午

八時起，分別接見前駐多哥大使張平羣，新任駐南非開普敦領事李光億，中央研究院副研究員楊景樞、王繼宗，臺大物理系學生尹明潭及中台化工公司協理尹在謙

夫婦。

九時，出席中常會。

11 月 23 日　星期四

上午

九時，主持行政院院會。

十一時十五分，接見駐越南大使胡璉。

十一時三十分，接見印尼工業部部長尤瑟夫。

11 月 24 日　星期五

上午

九時十八分，訪唔國防部部長陳大慶。

九時三十分，訪唔行政院副院長徐慶鐘。

11 月 25 日　星期六

上午

十時，主持國防會談。

11 月 26 日　星期日

【無記載】

11 月 27 日　星期一

上午

九時，參加中央政策會議。

下午

四時，主持情治首長會談。

11 月 28 日　星期二

上午

八時，巡視臺北市政府，勉勵員工要破除本位主義，發揮團隊精神，做好地方建設工作。

11 月 29 日　星期三

上午

八時三十分，接見韓國慶熙大學校長趙永植。

九時，出席中常會。

11 月 30 日　星期四

上午

八時四十分，主持行政院慶生會。

九時，主持行政院院會。

十時三十分，主持電視節目問題座談。

12 月 1 日　星期五
下午

四時，主持行政院業務會報。

六時三十分，參加中非國慶酒會。

12 月 2 日　星期六
上午

九時，接見中央黨部駐港特派員朱瑞元、返國學人李抱忱。

十時，聽取中山核能簡報。

12 月 3 日　星期日
【無記載】

12 月 4 日　星期一
上午

十一時，接見美國亞洲協會副主席巴奈特。

十一時二十五分，接見西班牙陸軍部副部長司勞馬。

十一時五十分，訪晤周至柔先生。

12 月 5 日　星期二
下午

六時十八分，參加泰國國慶酒會。

12月6日　星期三
上午

八時，約徐柏園等共進早餐。

九時，出席中常會。

下午

三時，主持經濟合作委員會委員會議，提示：

健全都市發展，需有整體計劃，有關單位應即研究加速進行。

五時，訪問中央民意代表增額選舉總事務所，強調公平守法，辦好選舉，以強化民主政治基礎；並期勉候選人與選民，珍惜民權行使。

12月7日　星期四
上午

九時，主持行政院院會。

12月8日　星期五
上午

十時十八分，拜會嚴副總統，並訪晤黃少谷、陳大慶。

下午

三時五十分，接見美軍第七艦隊司令哈羅威中將。

四時三十分起，分別接見救國團副主任胡一貫、正聲廣播公司董事長李廉、國際關係研究所主任杭立武。

12 月 9 日　星期六

下午

六時五十分，參加美軍第七艦隊司令哈羅威中將酒會。

八時，參加美軍協防司令貝善誼中將晚宴。

12 月 10 日　星期日

【無記載】

12 月 11 日　星期一

上午

九時，對行政院所屬各級行政主管人員講話，勉勵大家建立新的工作觀念，發揮公僕精神，為民眾熱忱服務；講求工作效率；積極培育人才。

十一時，約農復會主任委員沈宗翰等會談。

十一時四十五分，至國立臺灣大學參觀園藝展覽。

對行政院所屬各級行政主管人員講話

徐副院長、各部會首長、各位同仁：

　　近一年來的國際局勢，由於姑息逆流的興風作浪，對我們國家處境，產生很大的衝擊；但是，我們國家的命運，不是決定在外來的因素，而是操之在我們自己手中。回想中華民國成立迄今，這六十多年以來，國際形勢和革命環境的不斷變易，我們經歷過一次接一次的患難，一波連一波的風險，但不僅從不曾搖撼過我們對革命事業的信心，反而愈挫愈堅的每都卒底於成。今天我們仍然深信，只要我們團結一致，發憤圖強，用自己的

毅力和決心來開創自己國家的前途，就決沒有任何客觀
形勢可能動搖我們反攻復國的基業。

　　總統曾經昭示我們說：「能自重則為人所不能輕；
能自強則為人所不能弱；能自信則為人所不能欺；能自
立則為人所不能困！」所以今天橫現在我們面前的問
題，不是世局如何艱險，敵人如何囂張，而在我們自己
能不能本著良心血性，獻出智慧力量，在疑雲迷霧的里
程中，在風狂浪急的海面上，同舟共濟，自立自強！

　　依據這一理則，我常常這樣自勉：戰勝自己是戰勝
敵人的前奏，也是戰勝敵人的基礎。時至今日，身處此
地，倘若我們還不能自重自強，自信自立，先克服自己
心中之敵，那就不必等到敵人來打垮我們，我們自己也
會不打自垮！所以在經國就任行政院長以後，曾經許下
一個心願，就是希望我們擔任公職的全體同仁，要為民
前鋒，為民表率，能在國家危急存亡之秋，同心一德，
埋頭苦幹，用我們的誠意、血汗和智慧，來共同建造一
個「為國效命，為民服務」的廉能政府。使這個政府，
真正能夠贏得海內外全中國人民的信任，號召並結合全
民的力量，在這場決生死，定存亡的反共聖戰中，成為
一個擔大任、挑重擔、成大功、立大業的中興堡壘。

　　基於這一個意願，個人期望於我們行政工作同仁
的，就不只是平時寫寫公文，辦辦事務的普通人員，而
是要在非常時期中鍛鍊成為一個矢勤矢勇，有為有守的
堅強鬥士，所以我們對行政工作同仁的要求，也就不只
是在工作上循規蹈矩，奉公守法，這原是作為一個公務
員的起碼條件，而是更希望大家在思想觀念，精神意

志，品德節操，生活行動各方面，都要踔厲奮發，精進不已，符合作為一個日新又新現代公務員的標準，這就是我為什麼要在就任之初立即提出行政革新十項要求的用心所在。

我很高興的看到，這幾個月來，絕大多數的工作同仁，都能共體時艱，振奮自強，使行政革新的措施，能見到初步成效。今天我一面要對大家推動工作的熱誠與努力表示嘉慰，同時也想藉此機會，除了我已一再希望大家培養整體觀念，發揮團隊精神之外，再歸納個人的一點心得，提出幾點有關現代公務人員必須具備的精神素養，作為大家今後敦品勵行，開展事業的參考。

我國古代賢哲勉人立身行事有句很好的格言，那就是「有所為，有所不為」。「有所為」指的是積極的作為，「有所不為」指的是消極的禁制。我覺得用這兩句話來作為現代行政人員的立身準則，當如古人所說的「雖不中亦不遠矣」。所以我想就從「積極的作為」與「消極的禁制」這兩方面，分別提出個人的一點意見。

首先在積極的「有所為」方面，我認為作為一個現代行政工作人員，必須具有為民服務的高度熱忱與愛心，踐履篤實的效率觀念，強烈的榮譽心和責任感，奮發向上的創新進取，以及我仍願再加強調的互助合作的團隊精神。

第一，先說熱忱與愛心，這無疑的應該是每一個擔任公職的同仁所不可或缺的基本素養。因為政府設官分職，就在要為民眾提供最佳的服務。倘若我們從事行政工作的同仁，對工作缺乏熱忱，對群眾沒有愛心，又怎

能達成這一為民造福的要求！

　　同時熱誠與愛心，也可說是激發我們勤奮工作的一股原動力。我們任何一個人要想在自身工作崗位能有出色的表現，就非得要把我們全付精力投資在這項工作上不可，這種肯為工作犧牲，能為群眾奉獻的利他精神，實在是導源於崇高的工作志趣和強烈的助人意願。有了這份志趣和意願，然後才能敬業，才能樂群，才能建立起我們「為工作而生活，而不是為生活而工作」的正確觀念。

　　過去我們中國老百姓習慣把地方官稱之為「父母官」。這個名詞，雖然帶有封建時代的意味，但從另一方面來說，民眾視官吏為父母，實在也是表露他們的願望，希望地方官員能以「天下父母心」的心情和熱誠，無條件的為民眾犧牲貢獻。因為大家知道，天下父母對待自己的子女，都是揉合了慈祥、關懷、勤儉、犧牲等種種美德，凝成無限的恩情，愛護得無微不至。而且所有的父母，貫注在子女身上的一片摯愛，都是不求報償，沒有保留，不計任何代價的。今天是民主時代，百姓是國家主人，當然不應再有「父母官」這種名稱，但我們擔任公職的同仁，卻正要以父母對待子女的那種慈愛心腸來對待百姓，更應以民眾的公僕自任，培養出一種「公僕心」來，為民眾提供週密的服務，才能不負民眾對我們的期望。

　　今年八月一日，我曾發表了一封給我們全體行政人員的公開信，在這封信中，我曾以「無官不是公僕」勉勵大家處處要為民眾著想，事事要為民眾打算，本著不

擾民，不驚民，不害民的原則去推展工作，造福社會。
今天我要更進一步的要求各位，今後在建立我們共同事
業的過程中，要用我們的愛，我們的熱，織成我們的光
去照亮四方，服務全民！我們深信，只有為民眾做事的
政府，才會得到民眾的支持；也只有得到民眾支持的政
府，才能憑藉全民一心的力量，粉碎危難，達成任務。

　　第二，說到效率觀念，在現代政治結構中，這是建
立一個有為而廉能政府的先決要求。

　　政府就好比是一部機器——一部為民眾服務的機
器。不過，這部機器不同於一般機械，它是有靈魂，有
組織的一個有機體，這個有機體，不但要能運轉正常，
而且還要以最小的消耗，為民眾獲取最大的利益，這就
牽出了一個效率問題。

　　坦白的說，許多年來，我們的施政確有很多進步，
但政府機關的辦事效率，仍一直受到外界人士的一些批
評，例如：有人笑我們處理公文，不重時效，慣於作
「公文旅行」；有人說我們開會是「議而不決」，行文
是「咬文嚼字」；考核是只看報表，因之譏評政府機關
專搞「文學政治」。對於這些批評，我們如果認真的來
檢討，不重實效的毛病，確實是現在行政上的致命傷。
雖然形成這種習氣原因很多，但是主要癥結，還在有些
同仁忽略了科學的辦事精神和科學的辦事方法，所以做
起事來就拖拖拉拉，不能發揮預期的效果。

　　當然，這種毛病並非普遍見之於所有機關與所有事
務，而且本人深信，我們絕大多數的工作同仁，在處理
公務時都能腳踏實地的講求效率。舉幾個例子：我們中

央政府總預算的執行，近幾年來不但年年都有歲計剩餘，而且這兩年打破了過去的「傳統」，沒有再辦追加預算，這就證明我們在倡導績效預算方面已經有了很好的成就。又如最近司法機關處理豫源輪走私的案子，從偵破到審結，表現得乾淨利落，很有效率。再如八月中旬颱風過境，臺北市十二號水門附近的堤防突然損漏，市政府有關人員漏夜搶修，免去了一場重大的災害，諸如此類的優良表現，都可以看出，所謂「效率觀念」已經為我們行政工作同志所普遍接納。今天我舉出這些優點和缺點，就希望我們全體行政工作同仁，一方面要認清過去的病根，防止再犯同樣毛病；他方面更要多加努力，多方策進，人人能以新速實簡的辦事方法，實事求是的辦事精神，來增進我們的行政效率。使我們的政治，成為「效率政治」；使我們的政府，成為重實際、有效率的現代政府。

第三，說到榮譽心與責任感；本人覺得，今天我們擔任公職的同仁，人人應該都要培養起一種以擔任公職為榮的榮譽感，並且要把擔任政府公職，看成一項神聖的事業，不要把它當做一個普通的職業。剛才說過，我們政府就像是一部為民服務的機器，每一位工作同仁，都是這部機器上的重要零件，都是不可缺少的一份子，也都負有為民服務、為民造福的光榮任務。只要我們自己不輕視自己所擔任的職務，而以這份榮譽為重，有擔當、有抱負、有信心、有熱忱，把全付精力，都用之於服務社會，服務群眾，就自然能夠獲得社會和民眾的尊敬，而享有應得的榮譽。

　　當然，榮譽不是平空得來的，一定要靠我們在工作上能有出色的表現，所以榮譽心與責任感是互為體用不可分開的，我們擔任政府公職，要想贏得社會尊敬，就要以負責的態度，來達成我們所負的任務。因此，本人希望大家，今後在工作崗位上，一定要養成強烈的責任感，做任何一件事情，一定要說到做到，貫徹始終，不可虎頭蛇尾，不了了之。總統曾說：「天下只有能負責的人，才能有擔當」，希望大家都能以這種能負責、肯負責的精神，來擔當國家興亡的重責大任。

　　第四，談到創新進取。今天民主自由社會，是一個公平競賽的開放社會，每個人在競賽之中，猶如逆水行舟，不進則退，退的結果就難免落伍，甚至終被淘汰。因之，生於這個時代，無論是擔大任，定大計，決大疑，克大難，倖進的機會實在太少，都非有超人的才具器識不可。這才具器識，一部份固然得自天賦，但一部份仍來自本身的修養磨練。要砥礪我們的才具器識，就必須要有奮發向上，創新進取的精神。所以我在寫給大家的公開信中就曾提出：「作為一個現代的行政人員，我想必然要有現代的知識，用現代的頭腦，去思考現代問題，來適應現代的行政制度和組織，方能保持在現代的社會中而不被淘汰！」

　　對於如何增進行政工作同仁現代知識，政府一向就很重視這個問題，就像歷年來舉辦的現代行政管理各項講習，就是為了幫助大家吸收新知所採取的措施之一。不過，單靠政府的輔導與培養還是不夠的，一定要大家能夠自動自發去努力才行。

　　我知道，在我們各級行政工作同仁當中，有不少的
同仁都能孜孜不倦的充實自己，力爭上游，並且利用公
餘的時間，勤奮不懈的研究發展，就像這半年來，我曾
經接到很多行政工作同仁的來信，對當前政府施政工作
的得失和應興應革的事項，提出很多寶貴的意見或善意
的批評，而且很多來信中所提的建議，都有新穎獨到的
創見，和具體週密的計劃，充分顯現出大家關心國事，
奮發圖強的一片真摯，也同時表現出我們行政工作同
仁，具有樂觀奮鬥，積極進取的研究發展精神。

　　今天我所期望於各位同仁的，是要大家秉持這一份
激勵奮發向上的精神，養成研究發展的風氣，從「多讀
書，多思考，多研究，多創造」上面來不斷充實自己，
健全自己，使我們每一位工作同仁，都能在不斷的進步
中，發揮潛力，增長智力，增進能力，成為優秀的現代
行政幹部。

　　第五，我再要講到團隊精神，有人說：「三個英國
人湊在一起，就能組織一個政府；三個德國人湊在一
起，就能組成一支軍隊」，這是形容英德民族比較富有
合群的德性。我們中國人在群己關係上，似乎一向偏重
於個人，當年國父在演講三民主義的時候，就曾提到：
我們一般人民「只有家族主義和宗族主義，沒有國族主
義」，這便是說，缺乏整體的團隊精神，多年來，我在
跟各階層的工作同仁接觸之中，也曾發現，部份工作同
仁，把個人、團體、國家，看成不太相關的三個單元，
心中想到的，大多是個人的出路，家庭的生計，至於團
體和國家意識，比較起來顯得淡薄，這實在是我們社會

進步，國家富強的一種阻礙。

　　尤其在今天這個時代，政治方面的事務，也跟工業
生產線的情形一樣，分工得非常細密，個人突出的時代
既已過去，任何個人或少數人都不能單獨完成一項艱鉅
的工作。只有整體的思考、整體的計劃、整體的努力、
整體的創造，才能產生光輝的成果，完成重大的任務。
所以最近我在行政院主持會議和訪問各部會的時候，就
曾一再強調，我們推動國家建設，擔負革命大任，一定
要發揮團隊精神，運用團隊力量，才能開展我們的共同
事業，達成我們的共同目標──反共復國。

　　今天在座的各位，都是各機關的領導幹部，都有卓
越的才能，豐富的經驗，可以說都是各個團隊中的中堅
份子，所以大家更要瞭解，整體的進步，有賴於團隊精
神的發揚，從而在推展工作的過程中，捐棄一己的成
見、偏見，拋開落伍的個人主義、本位主義，大家推誠
合作，相互支援，使我們的政府，構成一個嚴密而有力
的工作整體，使我們承擔的任務，能做得更實在、更完
美、更有效！

　　其次，再講對於消極的禁制──「有所不為」方
面，我也想簡單的提出幾點意見，來跟大家共勉，如果
都能做到，相信也能和積極的有為方面一樣，對於行政
工作的推動和效率的提高，不無幫助。那就是：不要受
人情包圍，不要為是非困擾，不要讓物慾吞沒！

　　第一點，不要受人情包圍。人家都說我們這裡的人
情味很濃，合法、合情、合理的人情味濃厚，當然是好
事，不過如果濃得離了譜，就會變成一個感情的包袱。

也就是因為大家都有「講交情」、「愛面子」的心理
弱點，擔任公職——特別是擔當主管的同仁，時常就會
受到請託、鑽營、關說等種種人情攻勢，如果擺脫不了
這些人情的包圍，以致陷入曲法徇情，甚至貪贓枉法的
深淵，不但個人觸犯法網，身敗名裂，也破壞了法令制
度，損害了政府威信，更使整個社會風氣受到不良的感
染！所以我願在此鄭重的要求各位，我們執行公務，就
得奉公守法，一定要摒除講人情、講面子的陳腐惡習，
不要接受請託，也不要向別人請託。只要大家本著對事
不對人的態度去處理公務，不怕得罪人，相信自然就會
擺脫積重難返的人情困擾。

　　今年六月，我在立法院報告施政方針，曾經斷然表
示：今後我們決不容許再有所謂「特權階級」，利用其
特殊身份或特殊關係，謀取特殊利益。今天我要再度強
調，我們政府機關執行公務，只有一個堂堂正正的大
門，沒有邊門，也沒有後門，來讓所謂「特權階級」
行走。

　　第二點，不要為是非困擾。我想很多同仁一定感
到，除了人情壓力以外，也常會遭遇到所謂是非的困
擾。我知道很多同仁本想放開手來為國家多做點事情，
但是，一想到這樣可能得不到某些人的諒解，甚或會招
致某方面的不滿，於是就遲疑卻顧，徘徊不前。

　　其實，我們處理公務，只要有目標、有原則，並且
符合國家與人民的利益和政府的政策，一本至公，問心
無愧，就不必畏首畏尾，瞻東顧西的考慮太多，儘可放
開手來有所作為，大家都知道，我們推動政務，是為

多數人謀利益，不必要「面面俱到」的去滿足少數個人的願望，倘如遇到一些阻力，就收繮勒馬，遇到關說，就有求必應，人家就會譏笑政府是在「人人作好人」，「事事做好事」，這種鄉愿式的作風，是千萬要不得的。正如總統今年在就職致詞中所昭示的：「凡事之足以導發新機群力，為反攻復國所不容緩者，固不惜任怨受謗，斷然為之」；這種「任怨受謗」的精神，正是我們擺脫是非困擾，努力任事所應有的態度，希望大家共同勉勵。

第三點，不要讓物慾吞沒，這尤其是今天我們立身行事所需遵行的守則。前些時候，在我提出行政革新十項要求之後，曾經有很多同仁來信表示，行政院對公務員的社交生活，似乎是管得太多太嚴。今天我要告訴各位，行政院所以要這樣要求大家，不但是希望由此能使我們行政人員在民眾心目中建立起新的觀念，同時也是希望大家能夠遠離物慾的陷阱，不為社會奢靡虛浮習氣所感染，以保持清白的人格。

我們常見許多貪污舞弊為非作歹的案子，多數是由生活糜爛，意志墮落所引起。我們公務人員的收入既屬有限，而酒色財氣的物慾又無窮，倘若我們不能遠離物質慾念的誘惑，尋求更高的人生境界，我們就會終為物慾所苦，甚或要為一時的貪念，斷送一生的前途。所以我願以「守法重紀，潔身自愛」這八個字，與我全體同仁共勉。

以上所談的問題，都沒有什麼高深的哲理，但我相信，假如我們都能一一做到，就不失為一有為有守的好

幹部了。而歸結今天講話的要旨，本人對各位最高的期
望，就是要大家「清清白白的做人，實實在在的做事，
一心一意的服務」，來努力創造我們共同的事業，共同
的榮譽！

　　最後談到我們政治革新的目標。國父曾說：「政」
是眾人之事，「治」是管理；管理眾人之事，就謂之政
治。正因為政治是替公眾做事，是要顧全到整體的，長
遠的利益，所以我們推動政治建設，就必須具有政治理
想，政治責任，和政治道德。

　　我們的政治理想，簡單的說，是以三民主義提示的
建國方針和原則，建設一個民有、民治、民享的三民主
義新中國，因而，我們的一切建設，永遠都是環繞著這
一遠大的目標前進。

　　我們的政治責任，不但是要為國家的獨立自主，和
人民的自由幸福努力奮鬥，並且也要為伸張正義公理，
捍衛人權自由而英勇戰鬥，所以我們既要對國家負責，
對國民負責，對歷史負責，也要為世界人類盡到我們應
盡的責任！

　　我們的政治道德，應該是紮根在我們的良知與道義
之上，國家今天有這樣艱難的處境，我們只有憑著良心
血性，大義血忱來革命救國，而決不容許再有任何政治
上的野心、慾望、陰謀，來斲喪我們的國家命脈！

　　基於這一認識，所以我們在心理上必須以強化精
神武裝為首要工夫；在行動上必須以興利除弊為第一
要務。

　　今天我們強化精神武裝的亟切要圖，是要消除依

賴、恐懼、消極、悲觀的心理，而代之以堅定的信心，果斷的決心，剛毅的勇氣，為革命救國而樂觀奮鬥！

我們興利除弊的行動，必須從剷除各種惡勢力著手，所以在社會上，我們要剷除地痞流氓，取締不法幫會，確保社會安定。在經濟上，我們要取締不勞而獲的中間剝削階層，維持國計民生的富足繁榮。在政治上，我們要剷除挑撥是非，興風作浪的政治掮客，和敗壞風紀，沾辱官箴的貪官污吏。只有把這些害群之馬澈底掃除，才能建立起一個有朝氣的社會，有活力的政府。

明朝大儒高攀龍曾說：「人生處順境好過，卻險；處逆境難過，卻穩」。我們當前的處境雖然相當艱苦，但是，只要我們全國上下，團結一心，在總統英明領導之下，堅忍奮鬥，發憤圖強，相信我們一定能夠平平穩穩的渡過危難，獲得勝利。

祝福大家健康愉快，事業成功！

12 月 12 日　星期二
【無記載】

12 月 13 日　星期三
上午

九時，出席中常會。

12 月 14 日　星期四
上午

八時，接見駐印尼中華商會會長蔣貽曾、新任駐休士頓

總領事陳珍銘。

九時，主持行政院院會。

十一時，接見美軍第八軍團副司令皮爾斯中將。

十一時三十分，接見澳洲駐華大使鄧安佑。

12月15日　星期五

上午

九時，參加高普考頒發證書典禮。

十時十五分，巡視人事行政局。

十時三十分，聽取省市預算簡報。

下午

五時，聽取國防預算簡報。

12月16日　星期六

上午

九時三十分，巡視臺中縣豐原柑橘包裝場。

十時，在中興新村臺灣省市長健全都市發展座談會上致詞，揭示九項措施，加強進行都市建設。強調解決住宅問題，掃除髒亂，要求五至十年內完成現代化。

十一時三十分，在臺灣省政資料館接見臺灣省重要農業幹部及正在接受講習的十五位農業生產專業區聯絡員，勉勵他們做改良農村的鬥士，為建設現代化農村而努力；並與他們共進午餐。

下午

一時四十分，參觀彰化縣香山鮮乳加工廠，訪問酪農。

二時五十分，參觀員林玫瑰花圃、農民牛舍、鮮花合作社及苗圃生產合作社。

四時三十分，巡視二水水利會工作站，並參觀實踐家專附設農村家政推廣中心技藝訓練班。

五時三十七分，參觀竹山竹器手工業加工情形。

健全都市發展九項重要措施

一、都市計劃

　　為使都市土地作有計劃之使用，並依計劃，整頓髒亂部份，及開闢新社區，下列各項措施，應立即計劃辦理。

（一）臺灣省人口增加迅速，需要積極發展之市鎮，其都市計劃，因人才缺乏，迄未完成者，應由臺灣省政府積極協助，代替地方政府於兩年內完成都市計劃之擬訂工作，三年內完成各該都市計劃之核定工作及實施釘樁工作，以為實施都市計劃之依據。

（二）都市計劃範圍內，現有之公共設施保留地，是否全部需要，應全面調查檢討，其有不必需要者，應即解除保留。

（三）為杜絕土地投機，影響都市發展，應迅速修改平均地權條例，以便逐步實施全面平均地權，並就都市計劃區域及可能發展成為都市之地區優先實施。

（四）為配合區域計劃及都市計劃之實施，應即訂定區域計劃法，並修訂都市計劃法及其施行細則、土地分區使用規則與其他有關法規。

（五）人口增加迅速之重要都市應依照核定之都市計劃，分期整頓髒亂地區，以改善人民生活環境，並為其他各市鎮之示範。

二、新市鎮

　　為減緩舊有都市之過度膨脹，導致交通壅塞，住宅缺乏，地價高漲及公害等問題，應分別在各重要地區規劃及開發新市鎮，並特別注意配合高速公路重要交流道及大工業區之位置。

三、南北高速公路沿線土地之利用規劃

　　南北高速公路之興建，對未來十餘年之經濟發展影響至鉅，故對沿線土地利用計劃，如何者為工業區，何者為新市鎮，何者應保留為農業區，均應於高速公路工程計劃進行時，同時規劃，俾達成各地區之平衡發展。

四、大工業區之開闢

（一）南部臨海工業區，係配合高雄港之擴建而設置，計劃中的幾個重工業如大鋼廠、造船廠均將在此區內設立，目前利用情形，是否全部符合臨海工業區設置原則，應詳細檢討，並作整體規劃，加速完成。

（二）臺中港臨海工業區，應配合商港之發展，完成長期規劃，並與港灣計劃及都市計劃配合開闢。

（三）北部工業區，應配合北部煉油廠及其關聯工業之進展，同時規劃開發。

（四）東部工業區，應配合東部資源開發，規劃開闢。

五、市郊區之公共運輸

　　各重要市區及其近郊之公共汽車，應配合公眾需要，全面予以改進，包括行車路線之調整，上下車站設置之改進，車輛之汰舊換新，並特別注意改善服務態度，保持車輛整潔和改進行車安全。此事不但可以改善對大多數市民之服務，且可緩和私人車輛增加之趨勢，減輕道路負荷量，增進交通安全。

六、交通安全

　　都市交通之混亂與車禍之頻繁，久已為社會所詬病，應即採取有效辦法，以策進交通安全，下列各點，尤應儘先辦理：

（一）車輛檢驗及駕駛人考驗，應採用科學設備，嚴格執行。

（二）交通法規，應予嚴格執行，如有不適合目前情況者，應即予修正。

（三）道路設計及交通號誌與標誌，應不斷予以改進。市區內之停車場所，應妥為規劃設置。

七、公共給水

　　臺灣省供水普及率僅達百分之四十，與用電普及率百分之九十以上比較，相差懸殊，且若干地區因工廠濫用地下水，引起地盤下陷，情況日益嚴重。為有效發展各地之公共給水，應即成立全省性之自來水公司，統一經營，並在事前辦妥各項準備工作，如各水廠之資產重估，地方水廠股權之合併或收購與分期納入計劃，全省自來水水源之合理分配供應等。同時加速實施全省自來

水長期發展計劃，以期集中有限之人力與財力，提高投
資效益，減低營運費用。

八、國民住宅

由於都市人口增加迅速，國民居住問題，日益嚴
重。為推行社會建設，應積極興建國民住宅，以安定社
會，並刺激相關工業成長，與創造就業機會。

（一）國民住宅計劃，應針對中低級收入之國民，協
助安定其生活，收入較高國民之居住問題，應
由民間自行興建住宅，至貧窮國民之居住問
題，應由政府循救濟途徑協助處理。

（二）加強省市政府有關國民住宅之機構與人力，集
中辦理臺灣地區之國民住宅興建及管理業務。
目前各級地方政府有關國民住宅之機構，應予
精簡或裁撤。

（三）現行之國民住宅貸款條例，不能適應當前需要，
應即研究修正，或另訂國民住宅興建管理條例。

九、改善都市環境

整潔、安靜為現代都市必要條件，下列各項均應重
視辦理。

（一）有效處理垃圾及水肥，消除髒亂。

（二）加強魚、菜、青果市場之興建與管理。

（三）美化市容，防治空氣及水的汙染。

以上各項措施，對健全都市發展將有深遠影響，應
由中央及地方有關機關研訂執行計劃，分別予以實施。
所需經費，一部份應動員民間資金辦理，一部份由政府
籌撥，並由政府採取必要措施及加強徵收工程受益費與

清潔規費等辦法促成之。

12 月 17 日　星期日

下午

二時,巡視達見水庫工程進行情形,並聽取簡報。

三時三十分,巡視臺中港施工情形,並聽取簡報。

12 月 18 日　星期一

【無記載】

12 月 19 日　星期二

上午

八時三十分,主持國防部年終工作檢討會。

下午

二時,主持國防部年終工作檢討會,並以「繼續向前發展、壯大!」為題,勗勉國軍官兵團結一致,發揮革命力量,完成反共復國的歷史任務。

繼續向前發展、壯大!

　　國民革命軍自建軍以來,在領袖的統帥之下,堅守為實現三民主義而奮鬥的基本立場,流血流汗,犧牲奮鬥,一直都能在艱險困苦的環境中,擔負起時代的革命任務。尤其是近幾年來,我們的國家雖然不斷遭受到多方面的衝擊,但是在總統領導之下,始終能夠在復興基地堅強地站立起來,並且繼續向前發展,壯大!也是由

於我們有強大的國軍在作後盾。這是國軍全體官兵對於
國家的重大貢獻。

　　總統在民國廿三年一篇訓詞裡說：「三民主義的基
本精神，就是中國固有歷史文化的結晶，和民族美德的
遺傳，亦即是民族的精神、和國家的靈魂之所在……中
華民國的靈魂就是三民主義。」

　　總統又說：「中國歷代以來，所以能在失敗之後又
成功，並且不受外來的一切影響，就是因為中國有見危
受命的民族精神，和世代相傳的天地間正氣，這種精神
和正氣，在危亡末運之際常常是要忠誠而可歌可泣的行
為來表現。」這兩段總統的訓詞非常重要。那就是說：
要復興自己的國家，要實行自己的三民主義，必須要有
見危受命的民族精神和天地間的正氣，要靠忠臣志士可
歌可泣的行動為了最終目標奮鬥到底！所以今天的國
軍官兵，都應該以實行三民主義反共復國的忠臣義士
自居。

　　總統當時還曾說過：「中國國民黨所以能夠存在，
是根據三種因素，第一是歷史的使命，有中國如此之歷
史，就必然有我們中國國民黨；第二為時代的需要，有
今天的世界與時代，就必然在中國有擔負時代使命的中
國國民黨；第三為民族的心理，因為中國處於如此的情
況之下，民族意識就自然要求有一個領導中心，這個領
導中心就是中國國民黨。」這是歷史性的遠大指示，總
統這段訓詞，是革命事業的方針，不但給我們力量，而
且給我們信心。

　　我們決不能讓七億同胞長期在共匪統治之下，過著

水深火熱的奴隸生活，這個解救大陸苦難同胞的責任，
就落在我們復興基地全體軍民的身上，而我們三軍將士
更是義不容辭的要擔當這個任務的先鋒。

　　國民革命軍的歷史使命，不僅要繼承先烈的遺志，
完成艱鉅的任務，而且要竭盡一切心力，創造光明的前
途。不但有決心流我們的血汗，而且有信心完成歷史的
使命。所以，今天我們身為國民革命軍的軍人，一定
要把握奮鬥的方向，在總統領導下擔負起這一偉大的
責任。

　　目前，無可諱言的，擺在我們面前的，是一個險惡
的、困難的局面，其實這些艱難同危險，沒有不可以
克服的。當我就任行政院長前兩天，總統曾訓示經國
說：「貪生怕死必死，死裡求生必生」，我時時以此自
勉，並願與大家共勉之。當我們確定了這一基本觀念之
後，那天下就沒有什麼可怕的事情。我還記得總統於卅
八年在定海船上對經國說過的另兩句話：「一人不能沒
有志氣，但是一個人如果要擔負重大的責任，就不能用
意氣。」任何一件不如人意的事情，都會使得我們意氣
用事，但是今天決不是意氣用事的時候，而是要能抱定
自己奮鬥的方向，來貫徹自己的志氣，意氣用事的人，
他的「政治生命」是短暫的，他的「事業」是不會持久
的；一個有志氣的人，必須要具有堅定原則和立場的毅
力，以及克服困難和危險的決心；知道什麼時候應當
退，什麼時候應當進，什麼事可以讓，什麼事決不能
讓，如此，到最後一定成功。

　　國軍在現階段中，一定要做到進能夠攻，防可以

守。但這能攻能守的意義，不僅要完成軍事上的部署和準備，達成作戰的任務，同時更要擔負起政治上的重大任務。

軍事與政治是不能分的，國民革命軍的軍人，應當具有政治上的理想和抱負，我們要堂堂正正、具有頂天立地的氣魄，來完成國父遺教，達成總統所交付給我們的任務。今天，只有抱著驚天動地的氣魄，悲天憫人的精神，才能在這個時代，完成中華民族歷史上從來沒有過的艱鉅任務——就是要以臺澎金馬的復興基地，來光復大陸河山；要以一千五百萬國民的力量，來拯救七億的苦難同胞；要以我們六十萬的仁義之師，來打敗毛共匪軍。這樣重大的歷史使命，只有有氣魄的軍人、有抱負的軍人、有政治理想的軍人、有政治擔當的軍人，才能在總統領導之下來完成，這是我們今後對政治任務應當有的認識。

要達成這一偉大任務，團結三軍，是最重要的工作要求。這廿多年來，我們國軍最大的成就，就是內部的團結，和衷共濟；而匪軍所暴露出來的最大的弱點，就是它內部的四分五裂，自相殘殺。我們內都的團結，就是我們的進步、成功的主要條件。

今天面對著艱難的環境，我們必須在過去的團結基礎上，來求我們內部更堅強的團結。

今後國防部除了提高戰力，加強戰備之外，必須注重新兵的教育工作。不但要改進訓練中心的新兵訓練；而且要對部隊中所有的常備戰士和預備軍官做好愛國反共的國民教育，並且親切的照顧他們的生活。這些官兵

在部隊時間雖然不長，但是一旦離開部隊之後，到社會的影響卻是非常大的。如果在二年、三年這個期間能夠好好的培養他們，這就是為我們的國家培養新的革命細胞，使得這許多人回到社會、學校、機關、農村、工廠之後，他們的心能夠真正朝向政府。爭取他們的向心力是各級指揮官應該擔負起來的重大任務。我們現已有很大的後備部隊，這個後備部隊今後還要一天一天的擴大起來，所以對於這個工作的加強，亦是非常的重要，也就是說，我們的部隊應當成為反共復國的革命學校，要以我們部隊來培養千千萬萬堅強的反共鬥士，來奠定今後反攻復國的基礎。

其次，我想談一談我們的政治作戰工作。當初在開始建立新的政工制度的時候，就很明確的確定了一個方向：我們的政工制度，是為統一部隊意志，鞏固部隊團結，強化部隊戰力，為爭取復國勝利，作戰成功而存在的一個制度。而這個政工制度，與整個國軍是血肉相連的，是整體裡面的一部份。自從政治部成立以來，我們總是朝這個方向作更多、更大的努力，並且已經有了很大的貢獻。因之要求政戰人員，只有犧牲、只有貢獻，而沒有任何權力而言。始終為鞏固部隊長的權威，加強官兵的團結而努力。在這個大的原則之下，我們適應每一個階段不同的任務，也有多次的改革。希望能適合今天的需要而亦能再求改革，尤其是關於我們政治作戰的方法，更應當適合今天的環境而有所改進。譬如現在有許多大專學生在部隊中服兵役了，很多預備軍官擔任排長了，士兵的水準一般都提高了，像這許多部隊組成份

子的變化，我們就要注意到工作方法與內容的變更。這
是今天部隊促成進步的重要工作。同時，更希望我們部
隊長要瞭解，政治作戰工作是你分內的工作，是你所要
特別負起責任的工作，因為政治作戰是你打敗敵人的一
個重要武器。我們部隊長運用政戰工作，如同使用自己
的雙手一樣，必將更能加強本身的力量，促成戰備的加
強，以及內部力量的統一與鞏固。

　　三民主義是我們立國的基本思想，亦是反共救國的
基本精神。三民主義的社會結構、經濟制度和民族精神
都是根本反共的，所以我們現在講三民主義，應以反共
作為基礎。尤其要在事實方面，將我們三民主義的成
功，與共產主義的失敗作具體的比較。並可進一步問我
們的官兵，你們要那一種生活方式？你要被迫害、被鬥
爭、被清算？還是要過著三民主義自由自在繁榮進步的
生活？除了三民主義的思想教育，要以反共作中心以
外，還有一種教育要與三民主義思想教育配合起來的，
那就是時事教育。時事教育的教材應當與當前時勢相結
合。如果我們的政治教材一成不變，或是二年三年才修
改一次，效果一定是不大的。我們要知道，現在部隊官
兵所要求的比我們所教的可能更新更多，所以今天要特
別強調時事教育必須與實際的政治問題相結合。同時政
治的認識要比政治常識更為重要。

　　最後，講到改革今天的政治風氣，是我們大家所迫
切希望的，同時改革政治風氣，亦必然會遭遇到困難和
阻力，但是政府下了決心要做，我們就一定會貫徹下
去。今天我們軍隊中的樸實風氣，對於促成社會風氣，

亦一定會發生很大的影響力。

今天我把這許多問題提出來對大家作一個說明，也就是要我們認清今天的環境，了解今天的問題，把握這幾個重點，共同來奮鬥，並且深切相信，我們的軍隊，一定會有更大的成就。全體官兵在總統領導之下，朝著反共復國的大方向來奮鬥，來犧牲，必能在艱苦困難危險的時候，手攜著手，肩併著肩，彼此緊密團結一致，真正發揮革命的力量，完成反共復國的歷史任務。

12 月 20 日　星期三

上午

九時，巡視陸軍總部。

十一時十五分，巡視內壢輔導會漁殖管理處。

12 月 21 日　星期四

上午

八時三十分，接見新任駐越南大使許紹昌。

九時，主持行政院院會，提示：

主管部門應密切注意物價波動情形，並採取適當的平抑措施。

十時四十五分起，分別接見臺灣銀行董事長陳勉修、香港時報董事長徐亨、中央黨駐日本特派員蕭昌宗、中央社駐南美洲特派員王允昌、新聞局駐英辦事處主任鄭寶南、駐澳洲大使沈錡、前駐薩伊大使丁懋時。

12月22日　星期五
上午

八時，約黃杰等五位共進早餐。

九時三十分，出席國家安全會議。

下午

五時四十五分，訪晤中央黨部張秘書長寶樹。

12月23日　星期六
上午

八時，在臺北市林森北路第三四七投票所，投票選舉增額中央民意代表。

十時，飛抵金門，巡視各鄉鎮選舉增額中央民意代表投票情形。

12月24日　星期日
【無記載】

12月25日　星期一
上午

八時三十五分，拜會嚴副總統。

九時，在國民大會年會開幕式中致詞，表示政府決採新的行動，發揮全面外交戰力，由行政革新帶動全面革新。

十時五十五分，訪晤陳立夫先生。

下午

二時十五分，巡視金山青年活動中心。

國民代表大會六十一年度年會開幕致詞全文

主席、各位代表先生：

今天是光輝的中華民國行憲二十五週年紀念日，貴會在這具有歷史性的節日，為弘揚民主憲政，舉行盛會，意義深長，經國應邀參加，感到十分榮幸。並願藉此機會，對各位代表先生多年來維護法統的忠勤，至誠謀國的精神，敬致由衷的欽佩！

回想二十五年之前，政府不顧共匪的破壞阻撓，毅然決然的公佈憲法，施行憲政，其目的就在及早實現國父當年建國的最大心願，使我們的國家，迅速邁向一個「民族自由、民權平等、民生樂利」的嶄新境界。雖然由於共匪的猖亂，荼毒人民，橫施暴政，使我們以實現「民有、民治、民享」為目的的革命大業，遭遇到重大的挫折；但是，政府推動民主憲政的行動，和捍衛國家法統的決心，從未懈怠，從未動搖！事實上，二十多年來我們在這復興基地堅定的實施憲政之治，已為重建未來三民主義新中國奠立了厚實的基礎。而且我們也堅信：反共復國的戰爭，在本質上原是以仁對暴的戰爭，只要我們秉持憲政法統，弘揚民主法治，我們終必能將憲政建設的光芒，照耀在全國各地！

近一年來的國際局勢，由於姑息濁流的興風作浪，讓毛共奸匪乘機混進了聯合國，在客觀形勢上似乎有著逆向的轉變。不過，經國認為：外交戰場的勝負，是爭

千秋不爭一時；國際關係的維繫，是重道義不重近利。
中華民國的外交，一向是本獨立自主的精神，講道義、
重誠信、有原則、有立場、更有遠大的理想與目標，所
以無論世局如何變化，處境如何艱苦，我們必能站穩腳
跟，經得起考驗，終必贏得舉世各國長遠而堅定的友
誼。基於這樣的信念，今天我們根本不必懼怕共匪在國
際間施展的一切統戰陰謀企圖從各方面來孤立我們。我
們所要警惕的是：勿要受了一時的頓挫而迷失了自己的
方向，勿要因一時的拂逆而錯亂了自己的腳步。我們所
需要做的是：針對共匪的陰謀勾當，予以迎頭打擊，粉
碎它的詭計。因此，我們必須堅決的、鮮明的標示出我
們的立場，我們將永遠站在自由民主陣營的一邊，為反
共事業奮鬥到底，而與共匪決不妥協。今後我們的外交
工作不但不應退縮，而應更將積極的以新的態勢、新的
行動，本諸基本國策，來傾力開展世界新的反共形勢，
創造世界新的反共局面。我們的做法，將由靜態的轉為
動態的交往，由形式的進到實質的關係，由個別的擴充
而為全面的配合，使我們的外交活動，經由廣泛的、深
入的接觸和密切的聯繫，透過經濟、文化、技術合作的
交流，並協合政府與民間的步調，結集一切力量，循同
一個目標，採一致的行動，來發揮我們全面外交的統合
戰力，擴展雙邊多邊的對外關係。

　　我們深知：任何事業的開展，有順境也有逆境。在
有利的條件下獲致進展，人人可為，並非難事；唯有在
不利的環境中能創機應變，轉敗為勝，才更見得難能可
貴。當前時代所給予我們的考驗，正是要讓我們在逆水

中鼓浪前進，從黑夜走向天明。我們也知道，要克服艱
險，需要付出更多的代價、更大的犧牲。但是，我們的
心頭，始終高燃著自由的火炬，迸發出正義的熱忱，因
為我們不僅有來自革命史實的啟迪和指引，同時也有植
基於剛毅煥發的立國精神和立國原則；而且更有海內海
外、敵前敵後、億萬同胞同聲相應、同氣相求、同舟一
命的堅強反共意志，因之我們有必勝必成的信心！

唯其如此，經國今天敢於站立在代表全國民意的各
位代表先生之前莊嚴宣示：

再猛的風浪，淹沒不了我們反共愛國，鐵立如山的
道德勇氣；

再大的障礙，阻擋不了我們克服大難，復國建國的
歷史任務；

再逆的環境，頓挫不了我們突破黑暗，傳佈光明的
堅定信念；

再苦的遭遇，改變不了我們自立自強，自救救人的
共同意願；

再多的困辱，搖撼不了我們維護公理，伸張正義的
嚴正立場！

我們確信：人類的良知，不會永遠迷失；世局的晦
暗，不會長久持續；在自由對奴役、民主對極權、光明
對黑暗、正義對邪惡的決戰線上，共產暴力的兇燄終必
戢止，我們終必獲得最後勝利！

各位代表先生：經國受黨國徵召，在此世局多變、
國難方殷的時刻承擔艱鉅，膺命之初，原極惶恐，但
是，想到我們反共復國的事業，既有總統的領導，又有

主義的指引，更有海內外千萬愛國同胞和各位民意代表的全力支持，內心的感奮，立刻又化作一股挺身赴難的大勇與血忱。就任這半年以來，一念之誠，別無他求，只在思念如何能為國家效命；能為國民服務！本此微忱，經國慎思熟慮，深深覺得，處此局面，要想粉碎危難，扭轉情勢，達成反共復國的歷史任務，首先非得以政治革新帶動全面革新，建立一個強固有力的廉能政府不可！

依據這一構想，經國與各級同仁，半年來以如臨深淵，如履薄冰的心情，在行政工作上最先奮力以求的指標，是謀政治風氣的刷新，行政效率的提高，以及便民服務的加強。期求一切施政，都能循此原則有效運行，從而促使我們的政府，成為一個重實際、講效率、廉能誠實的政府。

由於全體同仁的奮勉努力，全國上下的同心合作，我們正步步的開闢並走上一條更新自強的道路，也看到了初步的成效。我們相信在這道路上，憑著我們求生、求存、求發展的意志，不折、不撓、不鬆懈的毅力，一定可使各項建設的基礎更為強固，並有更快的進展。經國藉此機會，願向各位代表先生就各方面作一簡要說明，敬請各位指教。

首先在政治建設方面：

增額中央民意代表、與省議員、縣市長的同時選舉，已在兩天之前順利完成，這不但使我們民主法治的實踐又向前邁進了一大步，也是在此時此地對我們的安定團結通過了又一次的考驗。尤其是增額中央民意代表

的選舉，是總統依據動員戡亂時期臨時條款的授權，為強化中央民意機構，鞏固民主憲政基礎所採行的一項大政，其意義無比重大。所以政府抱定決心，要把這次選舉在「公開、公平、公正」的原則下徹底辦好，使其成為民主法治的示範和革新政風的標本。經國樂於指出，在整個選舉過程之中，絕大多數候選人守法節約的良好風範，和全體選民關心國事踴躍投票的情形，已充分反映我們憲政建設的根基深厚，更可看成我們全體國民愛民主、愛自由、和支持政府的有力證明！

說到我們正在推動的行政革新，這項工作目前雖然還在起步階段。不過，只要有個好的開始，鍥而不捨，相信必能有個好的結果。目前我們多數公務人員至少已在觀念上注入了一股新的意識，同時已在行動上有了實際的措施。我們正在積極消除行政上的積弊、清除貪污瀆職的份子，裁併駢枝機構，簡化公文法令，加強便民服務等各方面，盡我們所能，為建立一個誠實廉能的政府奠定基礎，為國家各項建設的推動鋪好一條暢通的道路，來謀人民的最大利益。當然行政的革新，是一項長期性、連續性、全面性的工作，很多事情非一朝一夕之間所能立竿見影，而需持續不斷的努力，深入普遍的推行，方能見到功效。因此，今後我們各級行政機構和全體工作同仁，必將傾注全力，貫徹始終，以期達到由行政革新帶動全面革新，而為國家重建生機的目的。

其次在經濟建設方面：

近一年來，儘管國際間的政治和經濟情勢都有劇烈的變動，但我們國內的經濟建設，由於舉國上下的一心

一德，在自立自強的一致要求之下，埋頭苦幹，沉著肆應，所以並未因為外來的衝擊而使各項建設的推展受到影響，估計今年仍能保持百分之十以上的經濟成長率，圓滿完成了第五期四年計劃最後一年的目標。特別是對外貿易的擴展，本年的進出口總額可能達到五十五億美元以上，其他各方面也都有穩健的成長。目前政府正致力於準備從明年開始第六期四年計劃的實施，全面發展農工商事業，並將針對當前情勢，側重於加速發展重工業和化學工業，促進農業的現代化，以及擴大對外貿易的推廣面，希望未來的經濟結構繼續有所改進，並能在保持物價穩定的基礎上，致力謀求均衡發展，和增進國際間的經濟關係。

我們財政金融的任務，是要密切配合經濟的發展。政府嚴格控制預算的目的，也就是不僅消極的要使收支平衡，而且積極的要使政府的支出和投資都能符合國家建設的需要。同樣的在改革稅制稅政工作上，所有謀求課稅負擔的公平、納稅手續的簡化、稅務風氣的革新，以及在金融措施上如銀行業務的改進、信用的適當調節等，也都是為了有助於經濟發展的同一目標。我們一切都正從長遠的利益觀點，為全民的福祉打算，作通盤整體的策劃，步調協同的推進，以求到達一個經濟強國的境界。

再其次在社會建設方面，我們正在努力的方向是：

致力於社會安全制度的建立，從健全法治功能，促進國民就業，增強勞工安全福利，肅清社會不良份子，防治各種公害，發展都市與社區建設，以及轉移社會風

氣等,來建造一個自由安全、祥和健康的社會。

致力於教育制度的改造和科學發展途徑的更新,從修訂學校課程、改進教學設施、整頓私立學校、加強建教合作、調整科學發展的重點、鼓勵和啟迪青年向上創進、和積極推動人力資源的開發等,使教育與科學的成果為國家所實用,來建造一個具有無窮潛力,安定進步的社會。

而一切措施的最後歸趨,最高理想,則在促成民生主義揭示的「安和樂利社會」的實現。

在國防建設方面:

我們的一貫方針是建軍與備戰並重,致力於精壯的現代化三軍建設。尤其在此世局多變的今天,更當隨時提高警覺,作萬全的準備。我們的三軍部隊已有妥善的全面部署,可以確保臺澎金馬的防務安全,並將掌握任何一刻來臨的有利時機,在最高統帥的指揮下,擔負起光復大陸的軍事任務。

各位代表先生:總統曾經昭示我們,「國家的命運,操之在我則存,操之在人則亡」。今天我們操持國家命運,改變革命形勢的唯一途徑,需要我們全國上下,團結一致,充分發揮自力更生,奮發圖強的戰鬥精神,和拋棄私我,只為國家的犧牲精神,為蓄積我們的國力與戰力,作更多的貢獻,更大的努力。因此,經國願再強調,今後我們大家必當齊心合一,朝共同的目標,走共同的步伐,採共同的作法,來實現共同的願望。

我們的步伐和作法是：

以團隊精神，謀整體進步──使一切施政，本諸分工合作的原則，經濟有效的觀念，發揮集體智慧，摒棄本位主義，使所有各部門牢牢地結合在一起，以群體的力量，謀相乘的效果。

以全程部署，謀長遠利益──使一切工作，都能從大處、遠處著眼，自近程、中程而至遠程，都能作全盤規劃，全面照顧，使其前後呼應，貫穿全程！

以踏實行動，謀堅實成果──使一切作為，都能摒棄虛浮粉飾，只講表面，只重形式的一切缺點，而以步步踏實、處處結實、人人誠實的新作風、新行動，謀求工作的實際績效。

各位代表先生：今天我們國家的處境雖然非常艱困，但是，事在人為，只要我們全國上下，秉承總統「莊敬自強，處變不驚，慎謀能斷」的昭示，以不驚慌、不依賴、不等待的態度，面對現實，振奮圖強，我們就必能突破艱困，開創新局！

這一年度轉眼即將結束，在此歲尾年終，經國回顧既往，展望未來，並審察當前形勢，深覺我們反共復國的事業，任雖重而道已不遠，雖多難而終必興邦。我們的前途仍是一片光明。

敬祝各位代表先生新年如意，身體健康，謝謝各位！

12月26日　星期二
上午

九時起，分別接見美國駐華大使馬康衛、韓國駐華大使

金桂元、泰國駐華大使薩農。

十一時十七分，至馬偕醫院探望立法委員呂雲平。

12 月 27 日　星期三

上午

八時，以早餐款待美國前駐華大使藍欽。

九時五十五分，訪晤顧祝同先生。

十時〇五分，出席中常會。

下午

三時三十分，以茶會款待前來行政院巡察之監察委員，並表示：行政院將對監察委員巡察所提興革意見，予以研究並作為行政改革的依據。

接見尼加拉瓜駐華代辦達比亞，對尼國最近因地震成災，表示關切與慰問，並盼災區迅速復原。

12 月 28 日　星期四

上午

八時四十五分，主持新任駐越南大使許紹昌宣誓。

九時，主持行政院院會。

十一時五十分，參加美國駐華大使館舉行之美國前總統杜魯門之追悼會。

下午

四時三十分，至美國駐華大使館，簽名悼念美國前總統杜魯門之喪。

五時，聽取農復會簡報。

12月29日　星期五
上午

八時三十分，聽取交通部簡報。

十時，聽取有關物價問題簡報。

下午

四時，以茶會款待返國訪問的旅美學人，希望對國是多發表意見，共同為反共復國而努力。

五時三十分，接見旅美學人蔣碩傑。

12月30日　星期六
上午

八時十五分，主持胡璉晉升陸軍一級上將授階。

八時四十五分，主持行政院慶生會及年終大摸獎，勖勉壽星們要在工作上盡忠職守，來報答父母養育之恩。

中午

十二時，頒授國軍英雄「英雄獎章」及國軍特保最優人員「榮譽紀念章」，並以午宴款待，勉勵他們要「立大志、克大難、成大事」。

12月31日　星期日
上午

九時，巡視高雄大林發電廠，並聽取簡報。

十時二十五分，聽取大鋼廠簡報。

十一時十二分，巡視鋁廠，並聽取簡報。

中午

十二時二十五分，聽取鳳山園藝試驗所簡報。

下午

一時二十五分，訪問屏東農家。

二時五十分，聽取屏東農業改良場簡報。

四時，巡視東港臺灣省水產試驗所，並聽取簡報。

民國日記 58

蔣經國大事日記（1972）
Daily Records of Chiang Ching-kuo, 1972

主　　編　民國歷史文化學社編輯部
總 編 輯　陳新林、呂芳上
執行編輯　林弘毅
美術編輯　溫心忻
封面設計　溫心忻
文字編輯　詹鈞誌

出　　版　🛡️開源書局出版有限公司
　　　　　香港金鐘夏慤道 18 號海富中心
　　　　　1 座 26 樓 06 室
　　　　　TEL：+852-35860995

　　　　　🌼民國歷史文化學社 有限公司
　　　　　10646 台北市大安區羅斯福路三段
　　　　　　　37 號 7 樓之 1
　　　　　TEL：+886-2-2369-6912
　　　　　FAX：+886-2-2369-6990

初版一刷　2021 年 4 月 20 日
定　　價　新台幣 350 元
　　　　　港　幣 90 元
　　　　　美　元 13 元
I S B N　978-986-5578-11-4

http://www.rchcs.com.tw

國家圖書館出版品預行編目 (CIP) 資料
蔣經國大事日記 (1972) = Daily records of Chiang
Ching-kuo,1972/ 民國歷史文化學社編輯部主
編 . -- 初版 . -- 臺北市 : 民國歷史文化學社有限公
司 , 2021.04

　面；　公分 . -- (民國日記 ; 58)

ISBN 978-986-5578-11-4 (平裝)

1. 蔣經國　2. 臺灣傳記

005.33　　　　　　　　　　110004374